# 细说中国史

## 军阀混战 之 民国

汪宝明◎编著

UNITY PRESS 团结出版社

**图书在版编目（CIP）数据**

军阀混战之民国 / 汪宝明编著. -- 北京 : 团结出
版社, 2024.1
　　（细说中国史）
　　ISBN 978-7-5234-0317-4

　　Ⅰ.①军… Ⅱ.①汪… Ⅲ.①中国历史—民国—通俗
读物 Ⅳ.①K260.9

中国国家版本馆CIP数据核字(2023)第154713号

---

出　版：团结出版社
　　　　（北京市东城区东皇城根南街84号　邮编：100006）
电　话：（010）65228880　65244790（出版社）
　　　　（010）65238766　85113874　65133603（发行部）
　　　　（010）65133603（邮购）
网　址：http://www.tjpress.com
E-mail：zb65244790@163.com（出版社）
　　　　fx65133603@163.com（发行部邮购）
经　销：全国新华书店
印　刷：三河市金兆印刷装订有限公司

---

开　本：710毫米×1000毫米　16开
印　张：12
字　数：200千字
版　次：2024年1月　第1版
印　次：2024年1月　第1次印刷

---

书　号：978-7-5234-0317-4
定　价：39.80元

# 序 言

　　中国是一个拥有悠久历史和灿烂文明的国度，中国作为世界上最古老的文明古国之一，拥有着灿烂辉煌的文化和悠久的历史传承。从五雄争霸之春秋到军阀混战之民国，中国历史如同一幅波澜壮阔的画卷，展现了数千年的辉煌与沧桑。

　　历史的巨轮滚滚向前，在人类历史的长河中，中国历史起着十分重要的作用，并具有其独特的历史地位。这不仅体现在其悠久的历史传承上，更在于它对人类文明的发展产生的深远影响。中国历史可以追溯到数千年前。在这漫长的历史长河中，中国经历了历朝历代的更迭，从夏朝的建立到清朝的灭亡，每个朝代都有其独特的政治、经济、文化等特色。这些朝代的兴衰变迁，不仅是中国历史的重要组成部分，更是人类文明发展的重要见证。

　　这部《细说中国史》系列丛书旨在为读者呈现一幅全面而细致的中国历史图景。以通俗易懂的语言，结合丰富的史事，尽力做到还原历史原貌。

　　另外，历史各期的政治制度、经济发展、科技创新、文化艺术等方面都有着丰富的内涵和独特的魅力。通过了解这些，读者可以更好地理解中国的现代化进程，以及中国历史在世界历史舞台上的地位和影响力。

　　同时，本系列丛书也将关注历史背后的社会背景和文化传承；探讨源远流长的中国文化，如儒家、道家、佛教等思想流派的兴起与传承；展示中国科技的辉煌成就，如四大发明、丝绸之路的开辟等。

　　本系列丛书可以让读者穿越历史的时空，追溯历史的起源，探索历朝历代的荣辱兴衰，感受历史人物的悲欢离合，并寻找历史规律，从而以史为镜，正己衣冠。

总之，衷心希望这部《细说中国史》系列丛书能帮助读者更好地了解中国的历史和文化，并感受其独特的魅力。

由于历史的复杂性和多样性，这部《细说中国史》系列丛书难以涵盖所有方面，不免挂一漏万。同时，历史研究也在不断发展和更新，我们将尽可能参考最新的学术研究成果，尽量做到准确且客观地叙述。期待读者在阅读过程中提出宝贵的意见和建议，诚挚感谢。

# 目 录

# 第一章 世态

## 孙中山担任临时大总统

提起孙中山，那可是一家喻户晓的人物，上至八旬老人，下至三岁孩童，都对他耳熟能详。当然了，在1912年之前，即中华民国成立以前，在中国国内，孙中山还是一个名不经传的小人物。直到他坐上了中华民国临时大总统的宝座之后，中国的老少群众们才将他的大名牢牢地记在了心间。那么，你知道孙中山是怎样当选中华民国临时大总统的吗？

1911年10月10日，武昌起义正式爆发，这个时候，身在国外的孙中山正在为了革命筹款而奔波忙碌着。第三天，孙中山得到消息，武昌起义已经取得成功了。一时之间，孙中山的心情变得相当激动。孙中山原本想要马上返回自己的国家的，但是经过认真地考虑之后，他最终决定竭尽所能，争取西方各个国家对于中国革命的支持。因此，他在回国的途中，在美国的华盛顿、英国的伦敦以及法国巴黎等地进行了短暂地逗留，想要争取到列强在政治、财务以及道义上支持中国革命，但最终都失败了。在无奈之下，他只能从法国出发返回自己的祖国。

12月21日，孙中山到了中国的香港地区，廖仲恺、胡汉民等人从遥远的广州地区专门赶来迎接他。胡汉民劝说孙中山应当暂时待在广东地区，整兵蓄势以后再进行北伐，这样一来，就可以收全局之功。然而，孙中山却不这样认为，他觉得一定要马上启程北上，将革命政府建立起来。最后，孙中山将胡汉民说服，并且与胡汉民等人一起在当天晚上踏上了前往上海的船只。

12月25日，孙中山等人到了中国上海地区，陈其美、黄兴等同盟会重要人物以及各界人士对他们表示了非常热烈的欢迎。

没多久，全国各地的人们都知道了孙中山从国外回来了。各个省份对此都表示热烈的欢迎，一时间，无数的函电都飞向了中国上海地区，以此表达对于孙中山先生的敬仰之情以及对建立共和国的期待之情。孙中山变成了全国人民公认的革命领袖。那个时候盛传他携带巨额钞票回国对革命事业进行资助，各报的记者都纷纷就此事询问他，孙中山坦白地告诉大家："革命不在于金钱，而在于热心。我这一次回国，没有带金钱，只带了精神罢了。"

孙中山回到中国以后，马上着手于革命政府的组建工作。12月26日，黄兴、宋教仁以及汪精卫等同盟会的重要人物专门举办了一场宴会，从而表达对孙中山先生的欢迎，而且还通过商量决定临时政府使用总统制，让孙中山做临时大总统。12月27日，各个省份的代表于中国南京地区举办了一场会议，商量与建立中央临时政府有关的安排与处理问题。12月29日，各个省份的代表会议开始就临时大总统进行选举，前来参加会议代表17省49人，每省有1票，总共17票。最终的投票结果为：孙中山获得了16票，以绝对优势成为了中华民国的临时大总统。

1912年1月1日上午10点左右，在陈其美、王宠惠等人陪同下，孙中山坐着火车从中国上海地区离开，前往中国南京地区赴任。当天下午6点左右，孙中山等人抵达中国南京地区，被黄兴等人迎入了临时大总统府。这个临时大总统府设在前两江总督衙门，也就是原太平天国天王府。当天晚上，临时总统府的礼堂中灯火通明，各个省份的代表、起义军官、记者以及国内外的相关人士都聚集在一起。晚上10点，临时大总统的就职典礼正式拉开了序幕。在众人欢呼"共和万岁"的声音中，孙中山非常庄严地进行就职宣誓。

紧随其后，孙中山又发表了《临时大总统宣言书》，声称"临时政府是革命时代的政府，其主要任务就是将专制的流毒清除干净，将共和确定下来，以便达到革命的目的，完成国民的志愿"。孙中山的这个宣言所确立的对内方针是将民族、领土、军政、内政以及财政全部统一，对外的方针是与世界各个国家友好相处，让中国在国际社会逐渐地显露头角，并且使整个世界逐渐地趋于大同。

孙中山的就职宣誓结束之后，颁下命令将"中华民国"作为国号，对外宣告，中华民国正式成立了。就这样，一个无比崭新的共和国诞生了，这个国家可是具有划时代的意义的哦。

## 局势分析

孙中山从海外回来后，担任临时大总统一职，大声地宣读就职誓词。各类史书都反复强调，孙中山的这个誓词的宣读，意味着有着5000多年历史的"帝制"终于结束了，而新时代"民治"正式诞生了。不过，实际上，这只是是象征意义（要知道，帝制并不是一两天建立起来的，所以也不可能在朝夕之间就轻易地将其废除。要想真正地建立起来"民治"，也绝对不是一阵动听的军乐，一片热烈的欢呼，一段振奋人心的誓词，就能够实现得了的），不过，它仍然具有重大的意义。这一刻的象征意义要比起实际意义大得多。在历史上，这一象征意义的重要性是显而易见的。

的确，这一时刻，旧的政治模式并没有真正结束，新的政治模式的处境仍然十分困难，不知道什么时候才可以成熟地建立起来。然而，孙中山坐上了临时大总统的宝座，在全国人民面前的宣誓举动，在中国政治史上，依旧是一个具有划时代意义的进步。在此以前，几千年沿袭下来的规则，尽管说王侯将相并不是天生就高贵的，可以通过禅让的方式得之，可以通过篡位的方式夺之，可以通过战争的方式取之，但所有夺得大位的人都自命为天子，对"天"进行发誓，至于对待臣民，就比较蔑视了。从这一刻起，至少从法理上来看，即便贵为一个国家的老大，也是人民的"仆人"，一定要对人民进行负责。

从此以后，"帝制"也不得不"无可奈何"地成为了历史的古董。势力强大如袁世凯，由于称帝之事（尽管只是"君主立宪"），马上就落得个身败名裂的下场。再后来的掌权人如蒋介石，即便实际权力比历史上真正的皇帝还要大，但是他也绝对不敢以"皇帝"自居。不管怎样，这对于有着几千年君主制历史的中国，的确是一个非常大的进步，其重要性无论怎么强调也不算过分。

说点局外事

孙中山，原本的名字叫孙文，字载之，号日新，又号逸仙，是中国著名的政治家、革命家以及医师。孙中山出生于广东香山地区一个名叫翠亨村的地方。孙中山流亡日本的时候，曾经化名为"中山樵"，之后转化成为人们比较常用的"孙中山"惯称。孙中山曾经担任中国国民党总理与第一任中华民国临时大总统等职务，创建了三民主义思想。1925 年 3 月 12 日，孙中山因为肝癌离开了人世，他的陵墓在南京紫金山中山陵。1940 年，国民政府通令全国，尊称孙中山为"中华民国国父"。

# 南京临时政府成立

武昌起义取得成功之后，整个中国的各个省份相继对外宣告独立，于是，建立共和国政府的问题就被正式提上了议事日程。围绕建立中央政府这个问题，各方的政治势力也没有闲着，相互之间也开始不断地进行斗争，来了一个重组，最后形成了几个地方政治集团，比如，江浙政治集团、湖北政治集团等。

1911 年 11 月 9 日，以黎元洪作为首领的湖北集团发电报邀请各个省代表前往武汉就组织中央政府的事情进行商议。11 月 11 日，以上海都督陈其美、浙江都督汤寿潜、江苏都督程德全为首的江浙集团也发出电报，要求各个省份的代表前往上海开会。11 月 15 日，来自已经光复的各个省份的代表们在上海召开了首次会议，并取名为"各省都督府代表联合会"。后来，在湖北集团的要求之下，上海方面同意了把代表联合会迁移到武汉。

11 月 30 日，各个省份的代表在汉口租界举办了会议。那个时候，袁世凯已经向南方发出了停战议和进行试探，革命阵营内部也有了妥协的倾向。12 月 3 日，会议通过了《临时政府组织大纲》，并且决定留着临时大总统的位置等待袁世凯"反正"回来。同一天，江浙联军向南京发起进攻，并且成功地占领了南京。会议也转移到了南京持续举行。

12 月 15 日，正在南京举办会议的各个省份的代表得到消息知道了袁世凯对共和表示"赞同",决定暂且推迟临时总统的选举,留置位置等待袁世凯,先推选举荐大元帅、副元帅之职。但是又在人选的问题上发生了争论,一时之间,临时政府陷入了难产的境地。

正在这个时候,孙中山于 12 月 25 日从海外归来,到了上海。各个省份的革命党人大部分都主张推选孙中山作为临时大总统,立宪派与旧官僚也都表示,在袁世凯"反正"以前,只有孙中山是能够担任临时大总统的最佳人选。12 月 29 日,各个省份的代表会议推选孙中山做了中华民国的临时大总统。

1912 年 1 月 1 日,孙中山来到南京宣誓就职,宣称中华民国临时政府正式成立,改用阳历,这一年称为中华民国元年。随即,黎元洪被推选为中国民国副总统,并且在南京地区组建了临时参议院,当作立法机关,南京成为了中华民国临时政府的所在地。中华民国临时政府的建立,代表着资产阶级共和国的政权正式组建起来了。

以孙中山作为首领的南京临时政府属于资产阶级民主革命的产物,该政府当中尽管有立宪派与旧官僚的参加,但是资产阶级革命派却处于领导地位。由担任中华民国临时大总统之职的孙中山,担任中国民国副总统之职的黎元洪以及九名国务员(各部总长)组成了临时政府的行政首脑。其中,担任陆军总长之职的黄兴、担任外交总长之职的王宠惠、担任教育总长之职蔡元培都是同盟会的成员;担任实业总长之职的张謇、担任交通总长之职的汤寿潜都是立宪派首领;而担任内务总长之职的程德全、担任司法总长之职的伍廷芳都是旧官僚,担任海军总长之职的黄钟英为起义的舰长,担任财政总长之职的陈锦涛曾经是清朝所谓的"理财专家"。根据同盟会规划的"部长取名,次长取实"的方案,由孙中山直接对各部次长、局长以及总统府秘书长等职务进行任命,除了海军次长以外,均为同盟会的精英。程德全、汤寿潜以及张謇等都未到南京就职,各部大多由次长进行代理。因此,政府的实权掌握在革命派的手中。在临时参议院的 40 多位参议员里,有 30 人是同盟会的成员,而属于立宪派的人不足 10 个。

南京临时政府正式成立以后,在 3 个月之内,就对外颁布了不少与政治、经济以及社会改革有关系的法令法规。按照资产阶级"自由平等"以及"天赋人权"的原则，宣称人民拥有选举、参政等政治权利，拥有居住、集会、信仰、结社、出版以及言论等自由的权利；将刑讯废除；对华侨进行保护，严禁贩卖华工；禁止对人口进行买卖，将奴婢废除；严禁种植与吸食鸦片；对兴办工商业以及华侨在国内投资进行奖励，等等。在文化教育方面，倡导以"自由、平等、博爱为纲"的"公民道德"；对忠君尊孔的封建教育进行否定，将中小学读经废止；禁止使用清朝学部颁发施行的各类教科书。

上述的这些措施对于民主政治以及发展资本主义都是非常有利的，但是它并没有真正地触动半殖民地半封建社会的基础，没有办法将与人民利益息息相关的基本要求解决，尤其是广大农民对土地的要求。因此，南京临时政府的群众基础是非常薄弱的。

## 局势分析

南京临时政府是一个以资产阶级革命派作为主体的革命政府。南京临时政府成立以后，颁布了有着宪法效力的《中华民国临时约法》，这是中国历史上首部有着资产积极性质的宪法，它使用立法的形式作出了规定：南京临时政府是三权分立的政治体制，从而促使共和国的国体与政体拥有了法律的意义，是辛亥革命非常积极的成果，同时也象征着民主共和，是民主共和的旗帜。

南京临时政府成立以后，还颁发了一系列的法令措施，将很多封建制度以及陋习都废除了，在很大程度上促进了资本主义的发展与社会的进步，从而使人民群众的负担大大减轻了，同时也促使民主共和的观点逐渐地深入人心，有着非常大的进步意义。

南京临时政府的成立，一方面，在国际上，它宣告着在中国一个与清政府不同，并且与以往任何一个封建帝制政权不同的以资本主义精神作为特征的资产阶级民主革命政府诞生了，从而很好地将中国人民的革命性与进步性显示了出来；另一个方面，它也向全世界发出一个信号，那就是中国的进步与发展已经到了一个全新的历史时代，作为革命党人的政府，南京临时政府必定会是中国的合法政府，以此来获得国际友人的好评与帮助。

## 说点局外事

在中国封建社会时期，根本不存在属于自己的国旗。等到西方列强开始入侵中国以后，大清王朝才开始制定国旗，那个时候，清政府在经过慎重的考虑之后，决定将"黄龙旗"当作大清王朝的国旗。龙是非常抽象的，它在封建时期是皇帝的象征，而黄色是大清王朝的代表色，"皇帝就是国家"，因此，在大清王朝，将黄龙作为国旗是符合常理的。但是，龙仅仅在中国具有一定的象征意义，对于西方各个国家则没有一点儿意义，外国人根本就不认识这种生物。再加上黄龙旗的形状在早期的时候是三角形的，而在世界上其他国家的国旗历史中还没有出现过三角形的国旗，外国人也没有见过三角形旗上的动物，不知道龙到底是什么动物，最后只好将它称为"有爪之蛇"！

在武昌起义的时候，革命军使用的旗帜为"铁血十八星旗"，代表着18行省；后来，又将旗帜改成了代表汉（红色）、满（黄色）、蒙（蓝色）、回（白色）以及藏（黑色）的代表五个民族的五色旗。在南京临时政府组建起来以后，临时参议院议通过商讨决定，将五色旗作为中华民国的正式国旗。孙中山总统对此却表示反对，他十分坚决地提倡应该将青天白日旗作为国旗，并且在提请参议院复议的咨文当中列举了诸多理由。

然而，临时参议院觉得，青天白日旗只不过是同盟会一个党派所制定出来的，代表不了整个国家，而五色旗已经被武昌革命军所使用，就具备了相当大的历史意义，所以，临时参议院依旧决定将五色旗作为国旗，而把青天白日旗改为海军军旗，并且将武昌革命军刚开始的时候所使用的"十八星旗"作为陆军军旗。

# 大清朝廷的退位

随着革命活动的进行，中国各个省份纷纷宣告独立，大清王朝的统治自然也就陷入了危机当中，大清王朝的皇帝宝座也算是坐到头了。在外界各种势力与危急形势的逼迫下，再加上袁世凯的威逼利诱，大清朝廷最终倒台了。

早在独立的各个省份的代表抵达汉口举行会议的时候，人们就已经决定议和纲要 4 款：第一，将清朝政府废除；第二，创建共和政体；第三，清帝优给岁费；第四，以人道主义对待满人。因此，优待清朝皇室并没有什么问题。而且在孙中山给袁世凯的电文当中，也暗含着让清朝皇帝退位并且对清室进行优待的意思。

袁世凯的地位得到了保障，于是就向孙中山询问，这清朝皇帝退位以后，皇室的"优待条款"具体应当如何进行操作？孙中山的建议袁世凯根据实际问题选择具体的应对方案。

清王朝统治了 200 多年，如果仅仅只是给予一些优待条件，那么紫禁城中的那些皇室贵族是不会轻易听话的。所以，袁世凯觉得可以先来几剂猛药，制造各种形势，让那些皇室贵族清楚地认识到，他们应当静静地离去。

1912 年 1 月 22 日，担任湖广总督之职的段祺瑞向清内阁、军咨府以及陆军部致电，汇报北洋军内部和革命党有很多勾结，武昌这边不能维持下去了。1 月 23 日，段祺瑞再一次向清内阁致电，声称武昌军心已经动摇，几乎快要发生暴动了。

清廷吓坏了，让袁世凯处理此事。1 月 26 日，清内阁利用袁世凯、冯国璋、徐世昌以及王士珍的名义向段祺瑞等通电，请求他们不要轻举妄动。

同一天，段祺瑞领衔，清朝将领联名向清内阁、陆军部、军咨府以及各位王公大臣致电：请求马上代奏清廷，颁发圣旨，向中外宣示，建立共和政体。可以这么说，这封电报就相当于清廷让出国家的一道催命符，是段祺瑞的手下徐树铮的手笔，由段祺瑞分别知会将领们赞同以后列名，刚开始有 42人，后来人数增加到了 50 人。不过，冯国璋却不在这些列名的将领当中。冯国璋将汉阳拿下以后，清朝册封他为二等男爵，再加上他又担任禁卫军统领没多久，他认为袁世凯行事有些不厚道，段祺瑞也有些过分，因此他就没有参与此次列名通电。

面对北洋的集体造反，清王朝正不知道该怎样应对的时候，清朝皇室贵族良弼被被刺了。这是怎么回事呢？

自袁世凯执掌大权以后，清皇室贵族中比较顽固的几个人就悄悄地组成了号"宗社党"，其首领有 6 个人，分别为良弼、载涛、毓朗、溥伟、载泽以及铁良，想要对袁世凯进行刺杀，帮助隆裕太后执掌大权，然后再让毓朗与载泽出面组建内阁，铁良担任出清军总司令之职，率领大军和南方革命军对决。但是，让他们感到遗憾的是，他们的刺杀行动并没有成功，让袁世凯逃过了这一劫。袁世凯原本想除掉"宗社党"，可是又碍于自己是"朝廷忠臣"的身份，再加上也没有任何的证据，所以，不好意思硬来。

在和南方革命党达成让清朝皇帝退位的共识以后，袁世凯就请求革命党处理"宗社党"，于是，就选择了良弼这个死硬分子作为暗杀的对象。1月26日，作为北方革命党人的彭家珍来到良弼的家门口等候，趁着良弼刚从外面办事回来的机会，利用炸弹和良弼一起归天了。

良弼被暗杀与段祺瑞等将领们联名通电发生在同一天，这让清王朝极其震动：一方面意味着在北京皇城内外已经遍布革命党人的党羽，他们可以为所欲为；另一方面意味着掌握兵权的北洋军将领们已经开始为清王朝敲丧钟，奏哀乐了。清王朝的王公贵族们都吓坏了，纷纷携带家眷，席卷钱财，前往天津、大连租界等地寻求外国人的庇护。不能走的人都向袁世凯提出了派兵保护的请求。

1月27日，隆裕太后召开了御前会议就此事商量解决的方案。而袁世凯自从被"宗社党"暗杀未果之后就称病不再上朝了，派遣民政部大臣——赵秉钧作为他的代表参加。

在此次会议上，赵秉钧建议让南北政府在同一时间取消，另组临时政府与优待清朝皇室贵族，当时，那些王公贵族都沉默了。赵秉钧见状很生气，以内阁辞职作为"威胁"，并假装要走。外务部大臣胡惟德与邮传部大臣梁士诒也随之退席了。隆裕太后很害怕，赶紧拦住赵秉钧，表示只要保全自己与皇帝的性命，什么事情都可以商量。

清王朝看着人心与军心都已经大变，而袁世凯也不出现，不知道应当如何应对。为了对北洋将领们进行安抚，由内阁复电，一边表扬将领们的"忠君爱国至诚"，一边依旧认为"改变国体，事关重大，非付之国民公决，不足以昭慎重"。在重压之下，隆裕太后已经可以接受退位的事情了，但是一小部分亲贵却坚持劝导太后不能轻易退位。

2月4日，段祺瑞等北洋将领再一次发出逼退的通电，其措词变得更加激烈，说现在北京的局势十分混乱，只有几个王公贵族不顾全大局，子弟兵

对此不能不闻不问，过几天弟兄们将回北京，与他们进行理论。

2月6日，袁世凯将各个王公大臣召集起来，并让他们传看这一电文，亲贵们看完之后都面色难看，战战兢兢。他们心中明白这是袁世凯对他们进行威胁的一种手段，但是，良弼刚死没多久，倘若袁世凯真的翻脸不认人，段祺瑞率兵北上，届时可能连优待条件都没有了。于是，在此次会议上，诸位皇族权贵都表示"同意共和"。

现在就只差隆裕太后点头了。于是，袁世凯在隆裕太后面前，大力吹捧革命军是怎样强大，枪炮是怎样厉害，而清朝廷几乎没有军费，没有办法将乱动剿灭。隆裕太后信以为真，不仅逼着皇室贵族捐了很多钱财，而且还将自己所有的私房钱都拿了出来。仗打了2个多月，袁世凯对她说钱花完了，她让皇室贵族进行捐款，但那些贵族们却使劲哭穷。这下隆裕太后也傻了，清朝的江山即将完了，自己的私房钱也没有了，那些皇室贵族根本不能依靠，往后该如何是好呢？

隆裕太后请求袁世凯拯救朝廷，但袁世凯反而吓唬她革命军非常厉害，孙中山相当有钱，这次他从国外带回了数千万的捐款。而清王朝的官军粮饷都十分贫乏，怎么能与之对战？隆裕太后听了十分害怕。袁世凯对她说，兵凶战危，胜负难以估计，如果太后同意共和，将来的民国政府会对皇室进行优待，光是优待费每年就有白银400多万两，太后足以安度晚年了。隆裕太后听到这里彻底动摇了。最后，隆裕太后在与袁世凯讨价还价之后，清室退位与皇族优待的条件就定下来了。1912年2月12日，隆裕太后带着清朝宣统帝宣布退位。

## 局势分析

随着时间的推移，反对清政府的势力越来越多，各地也开始纷纷地发动武装起义，想要将大清封建王朝推翻。再加上在当时的中国，共和的观念已经逐渐地深入人心，所以，清朝皇帝退位就成为了一种必然的趋势。

1911年，革命党人发动了武昌起义，各个省份都纷纷站出来进行响应。面对这种情况，清政府急急忙忙地起用袁世凯，想要进行镇压。但是，袁世凯此时已经不再一心一意为清政府服务了，反而想着怎样获得更多的利益。

于是，他凭借自己手中的权利以及帝国主义的支持，与革命党人达成共识之后，就开始对清政府进行威逼利诱，最终迫使清朝皇帝溥仪同意退位。

1912 年 2 月 12 日，清朝末代皇帝溥仪在尊号不改变，每年领取 400 万元费用、暂居宫内等多种优待条件下，被迫宣布正式退位。这标志着一代皇朝的终结，标志着中国长达 5000 年的封建帝制到这里结束了！

**◀▌说点局外事▐▶**

清室退位以后的优待条款：

第一清单：关于满蒙回藏各族的待遇条件：

第一，与汉人平等；

第二，对其原有私产进行保护；

第三，王公世爵概仍其旧；

第四，皇室贵族有生计过艰的人，民国就必须设法为之筹谋生计；

第五，先筹谋八旗生计，在没有筹定以前，八旗兵弁俸饷依旧按原来的规格发放；

第六，从前营业居住等限制，一律蠲除，各州县听其自由入籍；

第七，满蒙回藏原有的宗教，听其自由信仰。

以上的各个条款列入正式的公文，由国民政府照会各国驻北京公使。

第二清单：（共分两项）

关于清帝退位后的优待条件：

第一，清朝皇帝退位后，其尊号不能被废除，中华民国用对待外国君主的礼仪相待；

第二，清朝皇帝退位后，每年费用白银 400 万两，俟改铸新币以后，改为 400 万元，此款由国民政府支付；

第三，清朝皇帝退位后，暂居宫禁，日后移居颐和园，侍卫人员照常留用；

第四，清朝皇帝退位后，其宗庙陵寝，永远奉祀，由国民政府酌设卫兵，妥慎保护；

第五，清德宗崇陵没有完工程，比如，制妥修，其奉安典礼仍然按照旧

制，所有实用经费，都由国民政府支付；

第六，以前宫内所用各项执事人员，得照常留用，只是以后不能再招阉人；

第七，清朝皇帝退位后，其原有私产，由国民政府特别保护；

第八，原有禁卫军归中华民国陆军部编制，其额数俸饷仍如其旧。

关于清皇族的待遇条件：

第一，清王公世爵概仍其旧；

第二，清皇族对于中华民国国家的公权及私权，与国民平等；

第三，清皇族私产一律保护；

第四，清皇族免除兵役的义务。

以上的各个提款列于正式公文，由国民政府照会各国驻北京公使。

# 五四运动

我们都听说过"五四运动"这个名词，但是五四运动是一场什么样的运动，你知道吗？所谓"五四运动"，其实，就是一场以青年学生作为主体的运动，当然了，广大的人民群众、工商人士等中下阶层也都纷纷参加的与北洋政府进行对抗的运动，该运动的发生地点在中国北京，具体对抗形式主要包括请愿、示威游行、罢课、罢工以及暴力等。那可是一场有利于社会发展的轰轰烈烈的大运动。

1919 年 1 月，在法国的首都巴黎，第一次世界大战战胜国召开了"和平会议"，作为一战协约国之一的中国也参加了这次会议。在"和平会议"上，中国代表提出了将外国在中国的势力范围废除，将外国在中国的军队撤走以及将"二十一条"取消等正当的要求，然而，巴黎和会并没有顾及中国也属于战胜国之一，将中国代表提出来的要求都拒绝了，更可恶的是，还决定让日本接手德国在中国山东地区的一切权益。这个消息传回中国以后，北京学生们的情绪激动而愤怒，于是，学生、工商业者、教育界以及不少爱国团体都纷纷地通电，对日本的这种无礼行径进行斥责，同时强烈地要求中国政府一定要捍卫国家的主权。

在此情况之下，巴黎和会的代表将与中国山东问题有关的说帖提交了上来，并且提出了将中国在山东的德租界与胶济铁路主权归还以及将不合法的《二十一条》废除等条件。然而，由于北洋政府不敢与帝国主义叫板，只好选择屈服，竟然打算在《协约国和参战各国对德和约》上进行签字。最后，美国、英国、法国以及日本等国对于中国人民的呼声不管不顾，在 4 月 30 日仍然签订了《凡尔赛和约》，把德国在中国山东地区的权利转让给了日本。

中国政府在巴黎和会上的外交失败，直接导致中国人民的强烈不满，从而引起了五四运动。在如此巨大的压力之下，中国的代表最后总算没有在巴黎和会的签字仪式露面。

1919 年 5 月 1 日，北京大学的一部分学生得知了巴黎和会对中国代表所提出的要求给予了拒绝的消息。同一天，学生代表们就在北京大学西斋饭厅中召开了一场紧急的会议，并且做出了 1919 年 5 月 3 日在北京大学法科大礼堂举办全体学生临时大会的决定。

5 月 3 日晚上，北京大学的学生们举办了大会，法政专门、高师以及高等工业等学校也有一些代表前来参加大会。在大会上，学生代表积极发言，情绪振奋激动，大力号召大家站出来拯救国家，最后还制定了 4 个方案，其中就包括 5 月 4 日在天安门集结起来示威的计划。这 4 个方案分别为：第一，将各界联合起来一致力争；第二，与巴黎专使通电，坚持不在和约上进行签字；第三，与各个省份进行通电，在 1919 年 5 月 7 日举行游行示威活动；第四，于 1919 年 5 月 4 日在天安门集结起来举行学界的大示威。

1919 年 5 月 4 日，北京三所高等学校的数以千计的学生代表从军警的各种阻挠中冲了出来，聚集在天安门，他们以"收回山东权利"、"誓死力争，还我青岛"、"拒绝在巴黎和约上签字"、"废除二十一条"以及"外争国权，内惩国贼"等作为口号，同时非常强烈地要求对币制局总裁陆宗舆、交通总长曹汝霖以及驻日公使章宗祥进行惩罚。学生们的游行队伍到了曹宅，将章宗祥痛打了一顿。北京高等师范学校（也就是现在的北京师范大学的前身）数理部的匡互生首个冲到了曹汝霖的宅子中，并且带头一把火将曹汝霖的宅子给烧了，从而引起了"火烧赵家楼"事件。之后，军警对此进行镇压，并且将 32 名学生代表逮捕。

将赵家楼烧掉的学生游行运动得到了社会各界的广泛关注，人们普遍地都对学生们的行为给予了支持，对军警逮捕学生的行为表示抗议。对此，北京军阀政府还专门颁发了严厉禁止抗议的公告，担任大总统之职的徐世昌颁下命令进行镇压。可是，学生团体以及社会各个团体全都表示支持学生运动。

1919年5月11日，上海组建了学生联合会。同年5月14日，天津成立了学生联合会。南京、广州、武汉、杭州以及济南的学生、工人也纷纷表示支持。同年5月19日，北京各所学校的学生们在同一时间宣布罢课，并且向各个省份的省议会、教育会、商会、农会、工会、学校以及报馆发表了罢课宣言。南京、天津、上海、杭州、南昌、重庆、武汉、厦门、长沙、济南以及太原等地的学生们在得知北京各所学校的学生罢课的消息之后，也相继宣布罢课，以便对北京学生的斗争进行支持。1919年6月，因为学生活动引起的影响在不断地扩大，《五七日刊》与学生组织宣传，学生们的抗议不停地遭受严酷的镇压。1919年6月3日，北京很多学生走上街道，开始了规模很大的宣传活动。在此过程中，有170多名学生被军警逮捕了。学校的附近地区出现了大量军警，这些军警驻扎下来，戒备森严。1919年6月4日，他们将800多名学生逮捕。在此期间引起了新一轮的规模巨大的抗议活动。

1919年6月5日，上海工人展开了规模很大的罢工活动，以便对那些学生进行响应。上海日商的多家工厂以及商务印书馆的所有工人都罢工了，参加这次罢工活动的工人数量高达2万多人。1919年6月6日、6月7日、6月9日，上海的船坞工人、电车工人、轮船水手、清洁工人，也都加入了罢工的活动中，罢工总人数前后达到了6～7万人。上海工人的罢工活动对全国各地都造成了很大的影响，京汉铁路长辛店工人、京奉铁路工人以及九江工人也都相继举行了罢工与示威游行活动，从此以后，运动的主力也从北京地区转到了上海地区。

1919年6月6日，上海成立了各界联合会，对于开课与开市表示反对，而且还将其他地区联合起来，宣告上海罢工的主张。在上海三罢运动的影响下，全中国22个省份150多个城市都出现了程度不同的反映。1919年6月11日，陈独秀等人来到北京前门外面的闹市区给人们发送《北京市民宣言》，并且声称倘若政府对于市民的要求不予接受，我们学生、商人、劳工等，就会直接采取行动以便得到根本的改造。因为这件事情，陈独秀被抓到了大牢中。全国各地的学生团体以及社会各界的知名人士都纷纷通电，对于政府的这一暴行表示强烈的抗议。在如此强大的社会舆论压力下，陆宗舆、曹汝霖以及章宗祥先后被罢免了官职，总统徐世昌也被迫递交了辞呈。1919 年 6 月 12 日之后，学生的罢课活动停止了，工人们也是陆陆续续地复工了。1919 年 6 月 28 日，中国代表最终没有签署和约。

1919 年 6 月 23 日，由阮真主持出版的《南京学生联合会日刊》开始刊行。该报刊非常及时地对南京、江苏以及全国学生反对帝国主义的爱国运动的情况进行了报道；围绕着怎样"改良社会"这个中心问题，对日本帝国主义以及北洋军阀政府进行抨击，对旧制度、旧思想、旧习惯等进行批判，大力宣扬革命民主主义思想，并且将各种各样的新思潮介绍给民众。1921 年 11 月 12 日到第二年 2 月 6 日，美国所提倡的华盛顿会议如愿召开了。1922 年 2 月 4 日，在华盛顿，中国与日本签署了《中日解决山东问题悬案条约》以及其附约。根据该条约的规定，日本必须把德国旧租借地归还给中国，中国将这些地区全都开为商埠；原本驻扎在青岛、胶济铁路及其支线的日本军队应当马上撤退；中国收回青岛海关；中国收回胶济铁路以及其支线等。在该附约当中，还规定给予了对日本人以及外国其他侨民的不少特权，然而，中国通过这一条约将山东半岛主权以及胶济铁路的权益收了回来。

### 局势分析

五四运动是中国近代历史上非常重大的事件，有着非常深远的影响，总结起来，大致如下：

第一，五四运动是一次非常彻底地反对帝国主义，非常彻底地反对封建主义的爱国运动。

第二，在五四运动之中，无产阶级登上了政治的舞台，相当于主力军，起到了极其重要的作用；青年学生相当于先锋，发挥出了非常重要的作用。

第三，五四运动的具体发生时间在俄国十月社会主义革命之后，属于那个时候世界无产阶级革命的重要组成部分。

第四，五四运动象征着中国新民主主义革命开始了。

第五，五四运动在很大程度上促进了马克思主义在中国广泛地进行传播，促进了马克思主义和中国工人运动进行结合，不管是从思想上，还是从干部上，都为中国共产党的成立做了很好的准备。

## 说点局外事

1914 年 8 月 23 日，日本宣布对德作战，经过一个多月的对战，将德国租借地胶州湾全部占领。日本于 1915 年 1 月向中国提出了所谓的"二十一条"，对此，袁世凯表示接受其中大部分的要求。后来，新闻界得知了这一协定，并且将其公布于众，大大地激起了中国人民族主义情绪。中国的很多知识分子与民众对日本以及"出卖国家"的政府表示强烈的不满，觉得这是国家的耻辱，与此同时也引发了很多反日运动，这种情绪在五四运动中得到了进一步的发展。

1917 年 8 月 14 日，北京政府宣布对德作战，成为一战的"参战国"。第二年初，日本拿出了大量的贷款给段祺瑞掌控的北京政府，并且协助北京政府建立与装备了一支参战的中国军队。1918 年 9 月，北京政府和日本就日本借款的事情交换了公文，作为借款的条件之一，双方又将关于山东问题的公文进行了交换，其内容主要包括：第一，在胶济铁路沿线的日本军队，除了留一部分在济南地区之外，全都调到青岛地区。第二，与胶济铁路沿线有关的警备：日本军队撤走，由日本人控制的巡警队接替。第三，中日两国联合经营胶济铁路。在交换公文的时候，北京政府"欣然地接受了"日本的提议。驻日公使——章宗祥与日本政府交换了公文，后来遭到了北京学生的殴打。在一战中中国宣布对德开战，与日本一样都属于战胜国之一，然而，不但没有收回德国在中国山东地区的权益，反而被日本提出了更多无理的条件，这个公文也成了巴黎和会上日本强行占领中国山东地区的借口。

# 伪满洲国的建立

伪满洲国，一听这个名字，就应该知道，这并不是一个合法的，被广大人民认可的政权。事实也的确如此，伪满洲国是日本侵略者为了更好地征服中国而建立起来的一个傀儡政权。这个傀儡政权建立的具体时间在 1931 年九一八事变发生之后，其中的傀儡就是清朝末代皇帝溥仪。那么，你对这个伪满洲国了解多少呢？想回答这个问题，我们还得从日本觊觎满洲以及溥仪开始说。

所谓"满洲"，指的就是中国的黑龙江、吉林与辽宁三省全境、内蒙古东北部地区以及外兴安岭以南等地区。1905 年，日俄战争结束以后，日本控制了辽东半岛与南满铁路，并且以保护铁路作为理由组建了关东军驻守在奉天、旅顺以及长春等铁路沿线。关东军从来到中国东北开始，就打算在那里设置亲日政权。日本人曾经将希望放在了张作霖与张学良父子的身上，但是最终都没能得到想要的结果。九一八事变发生之后，日本将整个东北地区侵占了，并且将溥仪视为在东北地区建立伪政权的最好傀儡人选。

溥仪出生在 1906 年，1908 年继承了皇帝之位，1912 年被逼着退位，但是依旧"官禁"里像以前当皇帝一样生活。1924 年 11 月 5 日，冯玉祥将溥仪赶出了紫禁城。随后，溥仪在罗振玉、郑孝胥以及庄士敦等人的策划之下，于 11 月 29 日悄悄地前往日本驻北京公使馆。1925 年 2 月，溥仪在日本便衣警察与特务的保护下，又搬进了天津日租界，先在"张园"住了 5 年，然后又在"静园"住了 2 年。居住在天津的这 7 年中，日本为了拉拢溥仪，以外国君王的资格对他进行"厚待"，并且还有意识地培养他复辟的野心。溥仪也将日本人视为自己复辟首先选择的外援力量。

1931 年九一八事变发生之后，溥仪马上派人去东北进行联络，探索寻找"重登皇位"的可能性。9 月 30 日，关东军派遣罗振玉与日本浪人上角利一前往天津，向溥仪传达了板垣征四郎的意思，并且呈交了前清朝室宗亲——熙洽的"劝驾信"。在信中，熙洽劝说他马上返回祖宗生长、创业的地方，复辟大清，将万民从水深火热中解救出来，并且在"友邦"的支持之下，先占领满洲，然后再图谋关内。在此之后的很长时间内，溥仪一方面静静地等候

事态的发展，一方面积极主动地派人去打探消息。11 月 3 日，溥仪接见了关东军的总要成员土肥原。土肥原声称：关东军对于满洲绝对没有占领的野心，只是很"真诚"地想要帮助满洲人民创建属于自己的新国家。土肥原还表示，日本会全力"保护"新国家的主权与领土的；新国家的政治体制为"帝国"；身为新国家元首的溥仪"一切都能自由"。在这些看似很美好的"承诺"的影响下，溥仪终于下定决心复辟。

11 月 8 日晚上，土肥原在天津制造混乱，命令天津的汉奸便衣队 2000 多人，从日本租界海光寺触犯，大肆地对华界进行骚扰，日本天津驻屯军马上出动了军警将日租界的外围线占领，将与华界的交通阻断了，然后趁着混乱把溥仪藏到汽车的后箱中，像物品行李一样悄悄地从静园带了出来。他们先到达英租界码头乘坐上一艘汽船，抵达大沽口外之后，又上了日本的商船，在 11 月 13 日上午抵达营口市的"满铁"码头。

这个时候，日本才向外宣布消息说：由于天津发生暴动，溥仪觉得自己的人身安全受到威胁，才自动从天津逃了出来，11 月 13 日 10 点忽然在营口登陆，寻求保护。而日本考虑到人道，才决定给予溥仪保护的。11 月 18 日，日本方面又以安全作为借口把溥仪送到了旅顺。

然而，溥仪到了东北地区以后，并没有马上被扶植上位。因为那个时候国联正在对九一八事变进行调查，日本方面不敢轻率地行事。另外，东北省一级的伪政权还未曾全部组建起来。直到 12 月 13 日日本犬养毅内阁上位以后，对于军部与关东军在东北组建傀儡政权的计划以及行动，日本政府才开始积极进行配合。

1932 年 1 月，马占山担任伪黑省警备司令之职，完成了东北省一级傀儡政权的组建工作。为了抢在国联调查团抵达以前组建中央级的傀儡政权，从 1 月 15 日开始，关东军就将日本国内不少知名学者邀请过来，召开很多咨询会议，为"新国家"筹谋。从 2 月 5 日到 2 月 25 日，关东军连续 10 次召开"建国幕僚会议"，使得组建伪满洲国的活动得以加速进行。

准备工作基本完成以后，2 月 23 日，板垣与溥仪首次在旅顺进行了会谈，强行命令溥仪出任"新国家执政"，并且强调这是个新国家，并非大清王朝的复辟，根本不理会溥仪所提出的恢复帝制、恢复大清王朝的申述。

在万般无奈之下，溥仪不得不以罗振玉所提出的"暂且以一年作为期限，如果逾期仍然不实施帝制，到那时就马上退位"作为条件，走上了背叛国家投靠敌人的道路。2月29日，"全满建国促进运动大会"通过了宣言与决议，并且选出代表前往旅顺"敦请"溥仪出来担任"执政"。

3月1日，对外发表了《建国宣言》，宣称伪满洲国正式成立。将国号定为"满洲国"；将年号定为大同；元首进行执政；将国旗定为红蓝白黑满地黄的五色旗；将首都定为长春，改称呼为新京。3月6日，溥仪带着众人，比如，婉容、郑孝胥等，在关东军以及特务的"保护"之下去新京上任。3月9日，举办了就职的典礼。1934年3月，将"满洲国"名字改为"满洲帝国"，溥仪也由"执政"改称呼为"皇帝"，将年号定为"康德"。

## 局势分析

历史事实已经证明，伪满洲国是在日本侵略者的策划之下建立起来的傀儡政权，而溥仪当"执政"也好，当"皇帝"也罢，都只是受到日本侵略者控制的傀儡罢了。日本侵略者通过伪满洲这个傀儡政权在东北地区进行了长达14年之久的殖民统治，使得东北地区的同胞们饱受亡国奴的痛苦煎熬。而且，对于这个傀儡政权，中国政府方面从来都没有承认过。说到底，伪满洲国只是日本侵略者企图控制中国的一个工具而已。

## 说点局外事

九一八事变发生以后，板垣征四郎就让日本公使馆驻上海武官——田中隆吉在满洲独立的时候，适当地在上海制造事端，将国际社会的注意力吸引到上海，以便有利于其在东北地区组建伪满洲国；与此同时也能将上海当作继续对中国进行侵略的另一个基地。

田中隆吉和日本女间谍——川岛芳子遵从板垣征四郎的意思，在1932年1月18日故意让日本僧人和上海三友实业公司工人发生冲突，导致一个日本僧人身亡。1月21日，日本方面向上海市政府提出抗议，要求道歉、惩办凶手、赔偿、马上将抗日团体解散等4项无理的要求，而且还以对"侨民"进

行保护作为理由向上海增派了飞机、军舰以及海军陆战队等。1月28日下午3点15分，担任上海市长之职的吴铁城接受了日本的要求，可是日本军队还是在当天午夜时分猛烈地攻击了中国军队。蔡廷锴、蒋光鼐带领当地驻军第十九路军进行抵抗，一·二八淞沪抗战由此拉开了序幕。

1月29日，十九路军电告全国表示坚持抗战到底，全国人民以及上海各界对此都给予了大力的支持。2月16日，爱国名将张治中带领第五军以十九路军的名义前往上海参加战斗。在不到2个月的时间内，中国军队将日本多路进攻都打退了，并且将1万多日军击毙，迫使日军三次更换主帅，增加了10万兵力。

然而，因为蒋介石的不予抵抗的政策，眼睁睁地看着十九路军与第五军受到重创而不派一兵一卒进行支援。面对侧背受敌、后援无继的情况，中国军队不得不撤退了。鉴于西方列强的"调停"，3月3日，双方宣布停战。5月5日，国民政府与日本签订了停战协议——《淞沪停战协定》。在中国抗战历史上，一·二八淞沪抗战留下了光辉灿烂的一页。

# 卢沟桥事变

1937年7月7日，是人们永远会铭记在心间的一天，因为就是在那天晚上，日本侵略者开始向中国全面发动战争。一寸河山一寸血，日本侵略者的枪声与中国人民的鲜血逐渐地唤醒了中国这头已经睡着了的狮子。

1937年7月7日，日本军队在北平，也就是现在的北京卢沟桥附近攻击中国驻军第29军，这就是卢沟桥事变，又被称为七七事变。

1935年，华北事变发生以后，日本开始全力进行以将中国政府毁灭与在亚洲称霸作为主要目标的扩充军备的准备，从而使得全面侵华战争的步伐得以加快。1936年，日本大力将在中国的驻屯军进行扩充，兵力从不到2000人增加到了将近6000人，分别安置在天津、唐山、滦县、塘沽、山海关以及秦皇岛等地区。6月3日，日本人在新的《帝国军队的用兵纲领》当中提出了一个战略方针——"以先发制人的攻势，寻求速战速决"，其最初的目标为：将华北重要地区以及上海附近地区占领。

8月份，日军参谋部制定了对华作战计划，并且决定对中国华北地区开战的时候，除了以前的两个集团军（即5个师）以外，依据具体情况又增加3个师，在必要的时候，还极有可能在中国华北5省作战。日本还不断地派遣将校幕僚到中国的华北地区、华中地区以及东北地区做战略性的实地侦察。9月18日，日本军队在北平丰台地区举行军事演习的时候，与中国的驻军产生了矛盾冲突。日本军队以此作为借口，将中国军队包围，并且强逼着中国军队从丰台地区撤出去。

第二天，日本军队占领了丰台地区。从10月份开始，日本侵略者以北平作为目标，频繁地在丰台地区、卢沟桥一带以及北宁铁路沿线举行一些具有挑衅性的实战演习。卢沟桥位于北平西南10多公里的地方，为北平西南的门户。那个时候，日本已经控制了从山海关到丰台这一段的北宁路沿线。

1937年7月7日，日本的中队长清水节郎带着在丰台地区驻守的日军河边正三旅团第1联队第3大队第8中队来到了卢沟桥北面龙王庙附近。当天晚上，日本军队在龙王庙与大瓦窑附近进行军事演习。10点钟左右的时候，驻守在宛平地区的中国第29军第37师第110旅忽然听到城东北方向有枪声，立即十分严密对日军的动态进行监视。夜晚12点左右，日本驻北平特务机关长——松井太久郎给中国政府方面打电话，谎称：日本军队在卢沟桥进行演习的时候，似乎听到驻守宛平城内的军队有枪声，导致日本演习部队一时之间陷入混乱中，进而丢失了1名士兵，并且提出进入宛平城搜查的要求。

中国第29军军部对于日军的这种无理要求给予拒绝，并且答复说：卢沟桥地区属于中国领土，日军在没有经过我方同意的前提下在该地区进行军事演习，已经与国际公法相悖，妨碍了我国主权，所以，丢失士兵我方不需要进行负责，日方更没有进城搜查的权利，以免引起误会。

7月8日凌晨2点左右，日军从丰台地区增派的军队在第3大队队长一木清直的带领之下和清水节郎所统率的部队进行会合，遵从计划将宛平东北的沙岗地区占领了。冀察当局为了不让事态继续扩大，同意双方派人到卢沟桥进行调查。中方派遣王冷斋（宛平县长）、周永业（冀察绥靖公署交通处副处长）、林耕宇（冀察政务委员会外交委员会专员）与樱井德太郎（冀察绥靖公署日本顾问）等人进行谈判。早晨5点左右，中日双方还在交涉当中，日

军就颁下命令攻击驻守卢沟桥地区的中国军队，并且对宛平县城进行炮轰。

在全民抗日热潮的带动下，中国守军第29军第110旅奋然进行抵抗，从此拉开了全国抗战的序幕。他们坚守阵地，"愿与卢沟桥共存亡"，连续3次击退了日军的猛烈进攻。日军第3大队直接向龙王庙以及附近的铁路桥扑去。在桥头阵地进行守卫的29军仅仅只有两个排的兵力。然而，他们却宁可战死，也不做亡国奴，与日军展开了惨烈的拼杀，最终还是由于寡不敌众而全部壮烈牺牲了。在河提上，日军也留下了100多具尸体。7月8日夜晚10点左右，中国军队突击队的战士们利用绳梯从宛平城爬了出来，出其不意地在铁路桥上消灭了1个中队的日军，将铁路桥与龙王庙夺了回来，因此，军心一下子振奋起来。

卢沟桥事变发生以后的第二天，中共中央发表了一份通电——《中国共产党为日军进攻卢沟桥通电》，其中明确地指出：平津已经陷入危急中，中华民族已经陷入危急中，只有整个民族都起来抗战，才可能打出一条出路。号召所有的中国人、政府以及军队团结起来，建立筑成民族统一战线，抵御日本侵略者的侵掠！当天，毛泽东、彭德怀、朱德等向蒋介石致电，表示红军展示愿意为国家效力，抗击日寇，保卫国家。要求本着抗战的宗旨，实现全国总动员，保卫平津，保卫华北，收复失地。

与此同时，红军将领向29军军长宋哲元致电，一定会做"贵军的后盾"。北平中共地下组织号召各界同胞对29军的抗战进行援助。华北各界救国联合会、中华民族解放先锋队以及北平各界救国联合会的代表到前线对抗日的官兵进行慰问；青年学生们为了抗日也开始从事收集情报、募捐物资等工作，并且组建战地服务团；工人们将枕木、铁板以及铁轨运送到宛平地区，修建抗日阵地；农民们同样也为前线的战士们输送粮食、燃料以及民工等。

人民群众的大力支持，促使29军广大官兵的抗日激情高涨起来。然而，冀察当局却遵从国民党政府提出的"应战不求战"方针，将消灭敌人的最佳时机放弃了。在7月9日早晨，对于日军缓兵之计的和谈要求表示接受，并且达成了口头协议：第一，双方马上停战；第二，日军撤退到丰台地区，29军撤到卢沟桥以西地区；第三，城内防务交给保安队负责。

7月10日，日方以"就地解决"作为幌子，提出让中国第29军给日军赔礼道歉，中国军队不能驻扎在卢沟桥、宛平县以及龙王庙地区等要求。7月11日，日方发表声明，诬陷中国军队"在卢沟桥地区非法进行射击"，日方决定向华北地区增加兵力，让香月清司担任中国驻屯军司令官，并且从驻朝鲜日军将第12师团调来。之后，大量日本关东军来到了天津，并且以大量兵力向北平郊区进犯。那个时候，担任29军军长之职的宋哲元正在"休假"，他竟一度幻想利用和平的手段将卢沟桥事变解决。

7月11日，宋哲元来到天津，依旧忙着与日方进行和平交涉。在他看来，卢沟桥事变只不过是"局部的冲突，能够随时进行解决"，因此，使得战机被延误了。7月17日，蒋介石发表讲话，表示，只要开展，不管男女老幼都有守土抗战的责任。蒋介石的这一谈话，将准备抗战的方针确定了下来。

但是，这个时候的蒋还没有完全放弃对于日本的幻想，依旧想着将卢沟桥事变视为"地方事件"，想要通过外交的途径，寻求和平解决的方法。7月19日，宋哲元到达北平地区以后，颁下命令将城内的防御工事拆除，将关闭了好几天的城门打开，并且谢绝全国各界送给29军将士们的抗战劳军捐款。与此同时，他还继续与日方谈判。国民党政府外交部向日方提出建议，双方将军事行动停止，让各自的部队都撤回到原来的地方，然后通过外交途径将问题解决，但是日本外务省对此表示拒绝。7月20日，日本军队第1批增援部队到达了华北地区。

当天下午，日军对宛平城与长辛店进行炮击。守城的将士们在团长吉星文的带领下，将敌人的数次进攻都打退了。7月21日，大量日军到达丰台地方。7月22日，日军好几十辆汽车在天津和丰台往返输送军火。7月25日，日军在天津聚集了6万多兵力。7月26日，日军攻占了廊坊。同一天，日军对宋哲元下达最后的通牒，命令他的部队从北平退出去。7月27日，日军向北平一带的中国军队发动了总攻。

对此，全国人民的抗日浪潮高涨，29军大部分官兵也都强烈要求抗击日军，宋哲元觉得不可能以和平方法解决了，于是，就在7月27日发表通电：第29军为了保护国家，不畏流血牺牲，服从南京方面的命令，请社会各界给予指教。并且命令29军各个部队奋然抵抗日军。当天，第37师将丰台车站收复，第38师1部将廊坊收复，第132师在南苑地区与日军进行血战。第29

军副军长佟麟阁与第 132 师师长赵登禹亲自在前线指挥将士们作战，最后壮烈牺牲了，官兵死伤了 5000 人左右。7 月 29 日，日本军队从南北两路向北平西郊前进，北平落入了日本人之手。7 月 30 日，天津也丢了。

## 局势分析

卢沟桥事变标志着日本蓄谋了很长时间的全面侵华战争正式开始了，中华民族的抗日解放战争从此拉开了序幕。中国人民的抗战是在中国共产党的带头提倡的抗日民族统一战线的旗帜下，发动的的一次规模巨大的全民族抗战。在抗日战争初期，国民政府十分努力地抗击日本军队的进攻，中国军队英勇奋战，彻底地将日军的狂妄计划粉碎了。然而，因为国民政府实施片面抗战政策，导致中国丧失了华北地区、华中地区等大片的领土。这震惊中外的卢沟桥事变为中国人民英勇抗战开启了新的一页！

## 说点局外事

卢沟桥从公元 1189 年开始建设，于公元 1192 年完工。卢沟桥是一座石拱桥，整个桥的长度约为 265 米，宽度约为 8 米，一共有 11 个桥孔，在两侧的桥栏柱上面，雕有很多形态不一、十分生动的石狮子。清朝的乾隆皇帝曾经御书的"卢沟晓月"石碑，就竖立在卢沟桥的桥头，使其成为了一处著名的旅游胜地。

因为卢沟桥地处要冲，自古以来就是兵家必争之地。不管是 14 世纪中期元朝内部的王位争斗，还是 14 世纪末期，明燕王朱棣和建文帝间的皇位争斗，都曾经在卢沟桥上进行过大战。卢沟桥横跨永定河，永定河的上游为桑乾河，古代称为无定河。"可怜无定河边骨，犹是深闺梦里人。"这句唐诗指的就是此河。

# 松沪会战

1937 年 7 月 7 日，日本侵略者弄出了一个"卢沟桥事变"后觉得还不够，想要在中国的华北地区再创建一个"满洲国"。中国统帅部深深地清楚，中国与日本之间必定会有一场大战，于是，就就决定按照国防计划甲案行事。中国的陆军为了不让首都的安全受到威胁，想要调集大量的兵力将驻守在中国上海地区的日本海军陆战队给灭了，而中国海军则想要将江阴堵塞，然后将日军的长江舰队给灭了。

然而，非常不幸的是，中国军队还没有行动，机密却被人泄露了，于是，日本的长江舰队慌忙从长江口逃了出去。于是，中国在华北地区已开战的前提下，不能再允许日本海军存在在上海的陆战队了。更何况，既然战争已经拉开了序幕，那么，中方认为，一·二八事变发生以后规定的中国部队不可进驻上海市区的规定自然就没有任何意义了。8月13日，悄悄进驻虹桥机场的中国部队将前来进行实地侦察的日军大尉——大山勇夫打死了，这就是历史上著名的"八·一三"事变。

在全民族抗战浪潮带动下，国民党政府在8月14日发表了一份声明——《自卫抗战声明书》，声称：中国绝对不会放弃任何一片领土，如果遇到侵略，那么只有施行反抗进行自卫。同一天，当地国民党军队第9集团军在担任总司令之职的张治中带领下，指挥3个德械师向日军发起了总攻，中国的空军也来到了上海携起手来共同作战。

8月15日，日方正式宣告建立上海派遣军，任命松井石根作为司令官，带领2个师团的官兵到上海进行增援，以便使对中国的侵略战争进一步的扩大。日军的增援部队在中国部队侧后方登陆以后，中方已经没有能力将日军陆战队消灭了。这个时候，以蒋介石作为首领的中国军队统帅部，认为在上海与日军交战要比与在北方大平原上与日军交战时补给更方便一些，而且还可以避开机动力占据优势的日本军队。另外，上海属于一个国际大城市，里面有外国的租界，在这里与日军交战很可能会促使大国势力进行干涉，倘若打得好，极有可能在外国的调停之下获得和平，从而将日本军队对于中国华北地区的野心挫败。这对于当时还比较弱小的中国而言，是相当有利的。

就这样，中日双方在上海地区不断地投入军队，在这个战役当中，国民党政府先后投入的兵力在75万人以上，主要包括78个师、3个暂编旅、7个独立旅、炮兵7团、中央军校教导总队、财政部税警总团、上海市保安总团、

上海市警察总队、宪兵1个团、江苏省保安团4个团以及3队海军舰队等。日本政府先后投入的兵力大约为20万人，主要包括5个师团、1个旅团等。

中日双方在非常激烈地对战了2个月以后，日本军队仰仗着超强的火力将中国军队的防线突破了，但是，这个时候的中国军队虽然已经战败却没有变得十分混乱。10月20日，日本军队悄悄地组建第10军打算包围中国军队。11月5日，日军的第10军在金山卫上陆。蒋介石由于一直幻想着九国公约签字国的干涉，延误了撤退的时机，然而这个时候的西方国家非常流行绥靖之风，声称中国军队在上海非军事区主动挑起了战争，故意破坏和平，所以，根本不理会中国的要求几天之后，日本军队包围网快要形成了，前线中国部队陷入了一片混乱中，有些部队为了逃避日军围困已经自己组织撤离了。

这个时候，南京统帅部与淞沪战场的高级指挥部已经失了方寸，到底是应该撤退，还是应该继续坚守，争论不休。蒋介石依旧对国联抱着那不符合实际的幻想，一直不愿意颁发撤退的命令。他认为，只要我们坚守在上海不撤退，"九国公约"国家一定会站出来对日本的侵略行为进行制裁的，还在做着被其他国家拯救的美梦。

国民革命军将领白崇禧对蒋介石说，前方的将士们得知日本军队登陆消息以后都惶恐不安，有些军队已经陷入了混乱中，眼看着就要控制不住了。如果再不进行撤退，那么我们这70多万人就只能坐着等死了。在白崇禧苦口婆心的劝导下，蒋介石不再继续坚持了，被迫同意撤退了。但是，在撤退之前，蒋介石并没有讲清楚各个部队撤退的先后顺序。30～40万中国军人将几条公路挤满了，结果遭到了日本的空军的狂轰乱炸，导致中国军队损失惨重。战略撤退就演变成了大溃逃，数十万将士在向南京撤退的时候分散了，这也为保卫南京的战斗失利埋下了伏笔。中国12万守军没有统一进行战斗，反而是各自为战，结果，没过多少天，南京地区就失陷了。

## 局势分析

淞沪会战指的是发生在1937年8月13日到1937年11月26日期间中国部队抵抗侵华日军攻打上海的战役，又被叫作"八·一三淞沪战役"。松沪会战是中国抗日战争中第一场非常重要的战役，同时也是抗日战争当中战斗最激烈，规模最大的战役。对于中国来说，这场战役代表着中日两国之间不宣而战，是全面战争的真正开端，卢沟桥事变发生以后的地区性冲突上升成了全面战争。

在淞沪会战中，尽管中国最终以战败而告终，并且也付出了非常大的代价，但是它却为中国民族工业内迁争取了大量的时间。它让整个世界看清了中国政府的立场，不再等着日本"和平"地侵吞中国一块又一块领土，同时也代表着中国绝对不会投降于日本。

## 说点局外事

在中国军队向苏州河南岸撤退的时候，蒋介石觉得不能将苏州河以北的阵地白白送给日军，这个时候又得到消息说国联将会于11月份在日内瓦举行会议，到时候将会接受中国对日本侵略行为的控诉，为了得到国际舆论的同情，有留下一小部分兵力在苏州河以北地区坚守的必要，直到会议召开为止。蒋介石颁下命令，第88师524团团副谢晋元带领该团主力1个营400多人（对外宣称为800人，因此，这支部队后来被称为"八百壮士"），在闸北四行仓库镇守，担负起这项任务。

谢晋元接受命令之后，马上带领官兵与进犯的日军展开了激烈的斗争，与之周旋了3昼夜，消灭了100多名日军，一动不动地坚守的四行仓库阵地。日军围攻了四行仓库第三天的时候，兵力已经增加到了5000多人，双方的力量十分悬殊。最后，在租界各国的恳求下，这支坚强不屈的孤军，才在10月31日晚上接受命令退到了公共租界。800壮士的英勇事迹在中外引起了巨大的影响，声名传播到了很远的地方。尽管这对于战局没有太大的帮助，但是却在很大程度上对日军起到了震慑作用，使全国人民的抗战信心得到极大的鼓舞，同时也赢得国际舆论的称赞，被很多国际人士称赞为抗日的奇迹，其政治作用不容忽视。

# 平型关伏击日军

在中日战争全面爆发之后，面对武器先进的日本军队，中国军队基本上可以说是连连败北，这也促使日本人坚信自己就是无比强大，不可战胜的"神"，而中国人就是低等的民族，所以，日本人变得愈发嚣张。但是，日本侵略者高兴得有点儿太早了，中国军民在平型关击败了日军，给了他们一个重创，让他们明白了，中国人不是好欺负的！

自从平津失守以后，日军快速地向华北与华东两个方向发起了进攻，想要来一个速战速决，在三个月内将中国灭亡。就华北战场而言，日军分成了3路沿着平绥铁路（西北向）、平汉铁路（南向）与津浦铁路（东南向）前进。沿着平绥路进军的日军气焰嚣张，其势汹汹，一路上进攻并占领了南口、张家口等地，将矛头直接指向了山西。

山西地区一直以来都有"表里山河"之称，其地理位置相当重要。此外，山西地区还有"华北之锁钥"的比喻，这更显示了对于整个华北地区来说，它的战略意义是多么重要，所以，它就成为日军一定会争夺，我军必须镇守的咽喉要地。从南面来的日本军队，也就是关东军察哈尔派遣兵团，在进攻并占领张家口以后，于1937年9月13日向大同发起了猛烈的进攻，大同也失陷了。于是，山西的北大门被日军打开了。随即，日本大军南下直接奔向晋中腹地，攻占了岱岳、应县。

与此同时，另外一路日军，也就是日军第五师团，则从一个名叫察南蔚县的地方而来，进攻并占领了广灵地区，然后向浑源地区与灵丘地区进军。此后，这两支日军一起向南前进，意图将平型关拿下。

平型关具体位置在山西的东北部，是这个地区相当重要的枢纽，它的两侧有很多高低不一、十分险峻的山峰，很容易守，但很难攻。了解了日军的企图以后，第二战区司令长官——阎锡山便开始非常积极在这个地区进行布防。另一方面，林彪、聂荣臻、罗荣桓在接到中共中央的指示以后，也已经带领八路军第一一五师进入了山西地区，并且来到了平型关一带，准备辅助国民党军队一起防御。八路军第一一五师师长林彪经过数次对当地地形进行勘察之后，决定好好利用这个天然的屏障，在敌人一定会经过的路上进行伏击，并且拟定出了一个详细的作战计划，想要给日军来一个"请君入瓮"，然后再一举"瓮中捉鳖"！

9 月 24 日晚上，下起了大雨，八路军第一一五师的战士们顶着风冒着雨，踩着十分泥泞的山路，在预先设定好的地点进行埋伏。原本穿着单衣的八路军战士们在一夜的急速前进后，全身上下早已经分不出来到底是汗水还是雨水了。入秋以后的山间吹着刺骨的凉风，八路军战士们又冷又饿，伏在泥石之间，可是那股誓死保卫国家的热情却没有一丝一毫的减退。9 月 25 日早晨，毫无察觉的日军第五师团二十一旅团的部队带着大量的辎重车辆，沿着灵丘到平型关的公路慢慢地向西前进着，缓缓地进入八路军第一一五师的伏击圈。为首的日军高高地举着日本国旗，在太阳的照射下，刺刀闪着寒光。日军的队伍中除了步兵以后，还有不少马匹、汽车等，浩浩荡荡地来了。雨后的山路又湿又滑，十分不好走，这使得带着大批辎重的日本军队行动非常缓慢。事先埋伏在那里的八路军战士们看到这一情形，一个个摩拳擦掌，蠢蠢欲动，只等着一声令下就与那些日军拼杀。这个时候，师长林彪则表现得十分沉着镇定，静静地观看日军动向，眼看着敌军已经完全进入了我方伏击范围的时候，迅速地将电话机拿起来，然后果断地传达指令："发信号弹!"

随着师长林彪的一声令下，在电光石火之间枪声四起，火光漫天。日军对于这突然而来攻击没有一丝一毫的防备，一时之间很难招架，死伤了很多人。随后，八路军将士们从山上冲下来，与日军展开了一场激烈的白刃战。在短兵相接之中，日军的飞机与大炮都丧失了应有的作用，他们勉勉强强地凭借着辎重车辆作为掩护来反击。在两军激战的过程中，狡猾的日军想要向山上转移，将平型关一代的制高点——"老爷庙"占领。担任第一一五师六八五团团长之职的杨得志识破了日军的这个伎俩，非常果断地下令："附近的制高点一个也不能让鬼子攻占了!"接受命令的八路军战士们将日军上行的步伐阻断了。我军把日军予以分割进行包围，经过非常激烈的战斗，将日军全部歼灭了。

当天下午 15 点左右，炮声慢慢地停了下来。硝烟散去的山沟中到处都可以看到日军倾覆的汽车正在冒着黑烟，原本车上装的衣物、粮食以及弹药等补给物资都散落在山间。日军的旗子也落在了泥泞不堪的土地里，早已经没有了在风中飞扬时的嚣张。车子四周横七竖八地都是日军的尸首，山间路上也是血迹斑斑，一片狼藉。日军先前的趾高气扬，现在已经荡然无存了。这场伏击战消灭了数百名敌人，并且缴获了很多军事物资，是抗日战争以来的一个相当漂亮的翻身仗！

## 局势分析

平型关战役的胜利，是全面抗战以来中国军队的第一次胜利。日本军队非常嚣张地在我国国土上横行霸道、作恶多端，一步一步地攻占我国的领土。在这种形势下，平型关大捷非常有利地打击了日本军队那嚣张无比的气焰，也打破了日本军队那所谓的"不可以战胜"的神话，使得中国共产党以及八路军的威信得到了极大的提高，使得全国人民的抗日精神也得以振奋起来。

## 说点局外事

在1937年9月到11月之间，中国第二战区军队与日军华北方面军在山西省北部、东部以及中部地区展开了规模巨大的战略性防御战役。日军以山西地区作为华北的战略重地，而太原是山西地区的心脏，所以想要拿下太原。此战包括了很多战役，比如，平型关战役、忻口战役、娘子关战役以及太原保卫战等。由第二战区司令长官——阎锡山进行指挥，国共两党携手合作，共同抗日。

此战，日军大约有14万人参战，大约伤亡了3万人；中国军队有28万左右的人参战，伤亡了10万人以上。在会战当中，八路军很好地配合友军进行作战，平型关伏击战将"日军不可以战胜"的神话打破了。忻口会战大大地消耗日军的有生力量，使得日军沿着平汉铁路南下的作战行动被牵制。尽管战士们用尽全力，勇敢地进行战斗，但是最终还没能抵挡得装备十分精良的日军，在坚守了几十天以后被迫撤退了，日军攻入了太原。尽管这样，太原会战依旧是华北战区抵御最为坚决，并且成绩也非常显著的会战之一。

太原会战结束以后，在华北地区，中国军队大规模的作战基本结束了，日军获得了晋中腹地及其非常丰富的煤炭资源。

# 南京大屠杀

在 1937 年的七七事变之后，日本对中国展开了全面的大规模的战争。同年的 7 月 17 日，国民政府军事委员会委员长蒋介石在庐山声明中表示："假如战争一拉开，那就是无天地南北老少年幼，不论是谁，都有守国土抗战的责任。"此后，全国上上下下都掀起了一阵全民抗战的浪潮。

淞沪会战刚刚结束没多久，日军便趁着中国军队撤离上海时兵分三路向南京进发。当时，中国的首都是南京，正处在日军的直接威胁之下，因为撤退组织相对的混乱，中国的军队在上海到南京沿途没有组织起有效的抵抗。在中国死守保卫南京之时，国民政府于 11 月 20 日宣布迁都重庆。

1937 年 12 月 9 日，日军兵临南京城下，并且向中国守军发出最后的通牒，企图劝降，但是被中国的军队果断拒绝。次日，日军便对南京城展开了全面的进攻。虽然中国军队奋勇抵抗，但是却依然节节败退，终于在 12 月 13 日南京彻底沦陷于日军之手。

日军侵占了南京后，在华中派遣军司令官松井石根和第六师团长谷寿夫的指挥之下，对中国军人和南京百姓进行了长达 6 周的血腥大屠杀。根据记载，日军在南京集体屠杀了 28 案，这其中包括了被集体枪杀和活埋的十九万余人；零散的八百多案，仅仅被收埋的尸体就有 15 万多具。

日军在六周之内一共屠杀南京市民和放下了武器的中国官兵一共 30 余万人。根据在长江岸边参加毁灭尸体的日军少佐太田寿供述，经他和安达少佐在南京下关码头处理的就有 10 万以上的尸体，这当中掩埋和焚烧的就占 3 万多具，其它的全部投到长江去了。

这一举世震惊的暴行。受到了全世界舆论的普遍谴责。1946 年的远东国际军事法庭在审判日本战犯决议书中指出，"日本兵就像一群被放纵的野兽来汹涌地玷污这个城市，对人民进杀戮、抢劫、放火、强奸"。经审判，松井石根被判处绞刑。谷寿夫被引渡给了中国政府，并于 1947 年被判处死刑。这是日本帝国主义在侵华战争当中犯下的最可耻的滔天罪行。

公元 1937 年 12 月 13，南京，这座已经毫无抵抗能力的城市，沉浸在一片血海汪洋之中。日军谷寿夫师团首先从中华门进入南京，血洗了聚集在中山北路和中央路的难民区。一场惨绝人寰的大屠杀由此拉开了帷幕。次日，其他三个师团相继进入了南京南北各市区，展开了大规模的屠杀，南京这座历史名都陷入了最黑暗的日子。

日本士兵除了残杀中国的士兵，对城内手无寸铁的普通民众也不留情。丧心病狂的日军将百姓进行捆绑，围成一团，或者用机枪进行扫射，或是用汽油进行焚烧，再者干脆就活埋，甚至还割下百姓的头颅，挑在刺刀上当街进行炫耀。以多杀人作为荣耀！日军这一疯狂的屠杀行径让古老的南京城笼罩在死神的压迫之下，因此光彩散尽，城内尸横遍地，血流成河，鲜血染红了城外的长江水。

1946 年，国民政府认定日军采取了包括刺刀穿刺、投掷江河、剖心挖脏、电击折磨等达 16 种残害我国同胞的残忍手段。战后，国际远东军事法庭认为，日军占领南京后的六个星期里，屠杀的俘虏和平民总数在 20 万人以上，如果再加上被焚烧和被投入长江的遇难同胞，那么南京大屠杀的总数就是在 30 万人以上。

日军不但残杀百姓，连城中的妇女也不放过，他们将妇女残忍地奸杀。城里上至七旬的老妇，下至年幼的女童，只要是被日军抓到的都不能幸免。根据学者的统计，在日军屠城的一个月之内，所犯下强奸案多达两万多起，而这还只是保守的估计。日军将被强奸过的妇女残忍杀害，甚至还将孕妇开膛破肚，将胎儿取出进行娱乐。泯灭天良的日军还强迫城内的百姓自我残害，并且以之为乐。各种暴虐的行径令人愤恨！

伴随着疯狂的屠杀和奸淫而来的还有大规模的劫掠和破坏。日本军队几乎抢走了他们所能带走的任何东西。劫掠民宅、洗劫店铺、抢夺文物……南京博物院内的三千余箱文物，中央图书馆的八十万册藏书，三藏塔内的唐僧舍利等珍贵的文物，都在这场浩劫当中被日军抢夺。劫掠一空之后，日军就索性一把火把带不走的东西烧得干干净净。南京城内历史悠久的夫子庙就是在这样的烈火当中化成了焦土。根据统计，南京城内大约有 80% 以上的建筑物都遭到了日军的破坏。

杀红眼的日军甚至连在南京城居住的外国人也不放过。他们抢劫外国的记者，焚烧外国的店铺，简直就是无恶不作。

在这惨绝人寰的 6 个星期当中，昔日古朴沉静的南京城被死亡和痛苦的阴霾笼罩着。即便是硝烟散去后的今日，人们回想起这个不堪回首的种种，依然是胆战心惊不寒而栗。但日军的暴行并没有将顽强不屈的中国人吓倒，反而全民族同仇敌忾，誓死要将侵略者赶出国土的满腔热忱空前高涨。国仇家恨，使得人民抗战的信心更加坚定和激烈。

## 局势分析

南京大屠杀当中，日军的各种滔天罪行早就不是个别士兵的军纪败坏所能够辩解和掩盖的，这样明目张胆的暴行，很显然是有所蓄谋的，甚至是得到了日军当局的默许和纵容的。他们的恶行还受到了国际各界的声讨和斥责，有媒体将日军在南京城内的兽行称作是现代史上破天荒的残暴记录，是现代文明史上最为黑暗的一页。

只是在后来的审判当中，因为当时的历史条件，南京大屠杀最高指挥者朝香宫鸠彦等人逃脱了历史的审判，这不能不令中国人民，尤其是南京人民认为是最深的遗憾。

事实清楚地告诉我们 80 多年前的那场劫难是一次有预谋有组织有计划的屠杀，而那些制造了南京大屠杀惨案的元凶早就受到了正义的审判。

历史远去后，还是会有一些别有用心的人想尽一切办法粉饰自己不光彩的过去，甚至还为那些双手沾满无辜者鲜血的先辈们高唱赞歌。只是历史就是历史，历史是永远都不会被忘记的，那些历史的罪人也不会被忘记，不管是现在还是将来，任何人都不能将他们的名字从历史的耻辱上抹去。

## 说点局外事

在淞沪会战接近尾声的时候，中国军队抵抗失利，看着日本军队就要将上海的防线攻破侵入南京，为了打持久战，1937 年 11 月 20 日国民政府做出了迁都的决定，将首都由南京西迁往重庆，以大西南作为抗战的大后方。因为中国的西南部地区山高谷深，地形也较为复杂，这一天然的屏障就显得易守难攻，因此不利于日军的进攻。

11月26日，国民政府主席林森率领部分官员抵达重庆，迈出了迁都的第一步，迁都重庆这一举动，对于稳定民心是非常有利的，更有利于长期抗战，为抗日战争的最终胜利提供了保证和基础。

需要说明的是，国民政府决定迁都重庆以后，一部分中央机关和领导人并不能马上抵达重庆，因此大部分政府机关设在了武汉，一直到武汉沦陷。这样，武汉一度成了"临时首都"。

# 台儿庄战役

俗话说得好："狭路相逢勇者胜"。在面对敌人时，勇往直前，奋力拼杀，即便对手比自己强大数倍，也宁死不屈，抗争到底，这就是中国军队的气节。台儿庄战役是徐州会战中十分著名的战役。在这场战役中，中国将士不畏牺牲，披荆斩棘，战胜气焰嚣张的日本军队，打出来中国军人的气节。

台儿庄位于山东省枣庄市最南部和江苏省的交界处，运河的北边，与东南方向的徐州相距30千米。台儿庄是津浦线和陇海线的重要枢纽，是南北运河的交通道路，同时也是向南前往徐州的最后一道屏障，其战略位置至关重要，所以，日军想要对徐州发起进攻，就必须先拿下台儿庄

1938年3月，从山东过来的日军攻破了台儿庄北部的藤县地区，至此，台儿庄战役正式拉开了序幕。日军第十师团濑谷支队在攻占藤县之后，并没有等待与他们的大部队会合就独自向台儿庄逼近。镇守这一地区的第五战区司令长官李宗仁针对日军的这个特点设下了圈套。他一方面派遣第二集团军孙连仲的部队在台儿庄镇守，另一方面命令汤恩伯的部队将津浦路正面让出来，以便诱惑日军，使其深入。等到日军向台儿庄扑来的时候，再将日军的后路切断，对日军进行包抄、夹击。

3月24日，濑谷支队在上有飞机下有大炮的掩护之下，向台儿庄发起了猛烈的进攻。虽然一部分日军将城东北角攻破了，但是都相继死在了守城士兵的手中。最后日军退了回去。25日，日军改变了进攻方向，从城南展开进攻。在这种情况下，中国守军英勇拼杀，与日本展开了肉搏战，其凶猛的气势再一次将日军逼退了。战士们利用自己手中的大刀、步枪与手榴弹硬是将

日本的现代化军队给压制住了，迫使他们只能在城外徘徊而进不了城。3月27日，日军的增援部队赶来了，他们从北面冲进了城中，在对战的过程中，中国守军伤亡很大。

日本的增援部队源源不断地赶来，在这种情况下，李宗仁下了一个死命令——必须守住台儿庄。面对日军非常凌厉的攻势，众位将领不惧生死，以自己的血肉之躯与敌人的飞机坦克对战。战场上枪炮声不断，喊杀声震天。3月30日，日本眼看着攻城没有结果，就让自己的空军对着台儿庄狂轰乱炸。在战斗最为激烈的时候，一天之中就有6000多发炮弹落入阵地中。

台儿庄城中狼烟四起，情况相当危急。中国军队的第三十师奉命前来支援，却在城外看到日军包围了台儿庄城，于是，就派遣年龄仅仅只有28岁的营长仵德厚率领40名队员，从城西门冲进城内，以便很好地掩护大部队进入城中。这几十名战士们组成了"敢死队"，每个人身上都背着大刀，肩上挂着手榴弹，展开了猛烈突击。因为日军在城四周的守备相当森严，战士们不得不将山墙推倒而前进。如果山墙推不倒，那么他们就会拼命地墙上掏枪眼，而此时日本也在墙的对面努力地掏枪眼。有的时候，墙对面的日军扔过来手榴弹，机警的战士们就会抢在手榴弹爆炸之前将其扔回去……

战士们一次又一次地与敌人斗智斗勇，与死神进行抗争，最后终于不辱使命，成功地掩护前来支援的部队进入城内，并且协助守城将士将敌人的攻击打退了。但是，这40名战士大部分也因此丧命，仅有2个人幸存了下来。

就这样，中国军队日夜不停地与日军进行争夺之战。4月3日，因为伤亡过于惨重，中国守军已经逐渐地失去了招架的力量，台儿庄大部分地区也落到了日军的手中。在城中池峰城驻守的师长向孙连仲请示，希望能够允许自己的军队撤退。然而，孙连仲却非常坚决地回答道："如果所有的士兵都打完，那么你就自己就填上去；如果你填上去了，那么我就接着填上去。倘若谁敢退过运河，那么就杀无赦！"孙连仲决绝的态度，不仅表明了自己战斗到底的决心，而且使整个军队与台儿庄共存亡的决心得以稳固。

到了半夜，中国军队组成了敢死队向日军发动突然袭击。日军没有丝毫准备，一时之间措手不及，被打得连连败退。另一方面，为了帮助台儿庄解除危机，李宗仁命令在城外负责扰敌的汤恩伯的部队快速赶到台儿庄的北侧，

对那里的日军发起进攻，以便对敌军形成两面夹攻的强大压力。之后，各个兵团发动总了攻，我军与日军激烈地对战到了4月6日深夜，中国军队反败为胜，将沦陷的台儿庄地区夺了回来。日军则由于伤亡过于惨重而向北溃逃了。就这样，中国军队在经历了半个月的血战之后，在牺牲了数以万计的勇士之后，终于取得了台儿庄战役的最终胜利。

## 局势分析

中国军人宁死不降的气节令人无数人动容，甚至连日军也不得不赞美道："敌人（即中国守军）在那十分窄小的散兵壕中，力战而死，尸体相互交叠的场景，即便是敌人，也会为之感动。曾经命令翻译劝说他们投降，没有一个人答应。尸体堆积成山，鲜血流淌成河，并不是日军所特有的。"

在台儿庄战役中，包括参加战斗的40万人，伤亡了将近3万人，歼灭了2万左右的敌人。这是抗日战争以来中国军队取得了规模最大的一次胜利。它狠狠地对日本侵略者的嚣张气焰进行了打击——除了在兵力上的损失之外，在精神上也受到了极大的挫败，让日本军队遭受到了开战以后最为惨痛的失败，打破了他们"大日本皇军不可战胜"的神话。与此同时，它还在很大程度上鼓舞了中国全民的抗战到底的士气，打破了国内流传的"亡国论"的谣言，让人们看到了胜利的希望，有了获胜的信心。除此之外，台儿庄战役的胜利还帮助中国改变了其在国际上的形象，使中国的国际地位得到大大提升。

## 说点局外事

1937年年底，日军在华北战场上攻占了山东地区，在华东战场上拿下了南京地区。为了将南北战场打通，日军又计划着沿津浦线南北进行夹击，将徐州这个咽喉要道占领，从而控制住武汉地区，并且借着这个机会将中国军队在徐州地区的主力部分全部消灭。于是中国军队与日本军军队围绕徐州展开了一场激烈的争夺战。

1938年1月，徐州会战正式打响，持续了5个月的时间。日军方面投入了30万的兵力，而中国方面也有数百万人参战。中国部队勇猛善战，在南线把日军阻拦在淮河南岸，彻底地将日军南北夹击徐州的阴谋给粉碎了。在北线中国军队获得了临沂大捷，并且将进攻台儿庄的日军打得落花流水。但是，徐州会战后期，中国军队慢慢地陷入了被动的局面中，最后没能够抵挡住日军的猛烈的攻势，于5月19日丢掉了徐州。

尽管我军最后战败，失去了徐州，但是却在很大程度上迟滞了日本军队的进攻速度，使其战斗力大大消耗，让目空一切的日军也尝到了中国军队的厉害，为武汉的抗战准备争取到了时间，对国家重心向西迁移起到了极为重要的作用。日军想要在徐州将中国军队主力消灭的幻想破灭了。

# 长沙会战

在抗日战争时期，中国军民与日本侵略者进行了无数场大小不一的战争，中国军民用自己的坚强不屈的勇气与红得刺眼的鲜血捍卫着自己祖国的每一寸土地。在这些战争中，长沙会战可以算得上是一场规模盛大，而且十分典型的战役。对于长沙会战，亲爱的读者朋友们，你们都知道多少呢？

在抗日战争进入僵持阶段以后，湖南地区成为了中国与日本争夺的焦点，中国军队曾经与日本军队在湖南长沙先后3次进行过激战，历史上称为"长沙会战"。

## 第一次长沙会战

从1939年9月到同年10月，在抗日战争过程中，在以湖南、湖北以及江西这3个省份接壤的地区，中国第9战区部队对日本军队进行的防御之战。这次防御战役被称为第一次长沙会战。

日军第11军为了对中国部队的抗战意志进行打击，将中国第9战区部队消灭掉，集中了好几个师团以及数个旅团共计有10万左右的兵力，在司令官冈村宁次的领导之下，使用奔袭攻击的战略方针，发起了"湘赣会战"，向长沙发动进攻。为了将日军的战略目的破坏掉，中国第9战区代司令长官薛岳带领大约40万人的兵力，使用逐次进行抵抗，诱敌深入的作战方法，在长沙附近将来犯的日军消灭掉。这一次会战主要在赣北、湘北以及鄂南这3个方

向进行作战。

在赣北方面：1939 年 9 月 14 日，日军的第 106 师团从赣北奉新地区进攻驻守在会埠地区的中国第 19 集团军第 60 军。与此同时，日本用第 101 师团一部进攻驻守在高安地区的中国军队第 32 军与第 58 军，以便将其牵制。在日军的疯狂进攻下，中国守军战败，阵地丢失了，第 60 军与第 58 军分别转移到了宜丰、凌江口等地；第 32 军转移到了锦江右岸之灰埠、袁浦之线。

9 月 18 日，日军将上富与斜桥等地占领，并且猛烈地进攻高安地区。第二天，在这里驻守中国军队在与敌军激战之后，将高安放弃，撤退到了石鼓岭与石脑圩西南高地，以便组织日军向西进犯。9 月 21 日，第 32 军向高安地区发动反攻，与日军进行了非常激烈的对战。9 月 22 日，占领了高安与高城，进而攻占了马形山与赵家山之线。第 74 军占领了斜桥与南山何。而日军的第 101 师团则从高安沿着东北方向及五桥何撤退。日军的第 106 师团主力部队从奉新地区向西前进，攻占了中国军队第 183 师与第 15 师的阵地，9 月 24 日，攻占了横街、甘坊，并且继续向西进犯。

9 月 25 日，中国军队集结了数个师的兵力进攻甘坊一带的日军，双方展开了激烈的对战。10 月 3 日，日军占领了大墩街与石街；而中国军队则占领了甘坊与横街，将日军的退路堵住了。10 月 6 日，中国军队第 1 集团军与第 30 集团军接到命令对日本进行围攻，对战到了 10 月 9 日，占领了上富、沙窝里、九仙汤以及冶城等地，并且趁着这个胜利的机会对敌人进行追击，又相继收入了罗坊、会埠三都以及修水。日军非常狼狈地撤到了武宁、靖安与奉新地区。

在湘北方面：1939 年 9 月 18 日，日军的主力部队第 6 师团与奈良支队强行渡过新墙河，进攻驻守新墙河北岸的中国第 15 集团军第 52 军。中国守军十分顽强地与日军战斗了 5 个昼夜，在 9 月 22 日晚上，不得已地撤退到了河南岸。9 月 23 日黎明时分，日军依靠着猛烈的炮火，强行渡过新墙河向南前进；日本上村支队在汨罗江口附近上岸，将中国第 15 集团军夹在了中间；日本第 33 师团从麦市南下，想要将湘北地区的中国军队消灭。第 15 集团军仰仗着新墙河与汨罗江阵地抵抗日军的进攻，并且在给了日军一个严重的创伤以后，撤退到了汨罗江南岸。

9月26日，国民政府军事委员会发电报给中国第9战区，命令他们在长沙附近和日军的主力部队进行决战。中国各军队遵守命令随后进攻并占领了阵地，从侧面攻击日军，同时，对日军进行伏击。9月27日，日军分兵向南前进，到了9月30日，日军的主力部队来到了捞刀河北岸，直扑长沙以北多个地区，比如，永安市、上杉市等。因为日军属于孤军深入，在沿途遇到了中国军队的阻击与伏击，不得不将进攻停止。

在鄂南方面：9月22日，日军的第33师团大力进攻中国第15集团军第79军。9月23日，日军进攻并占领麦市与桃树港，继续进犯汨罗江上游。在麦市一带，中国军队第27集团军、第15集团军第79军与日军进行了对战，消灭了很多敌人。9月29日，日军占领了南楼岭与平江，随后，又到达了朱溪厂、龙门厂以及长寿街。在献钟、南楼岭、桃树港一带，中国军队第20军一部与第79军一部对日军进行了夹攻，其主力部队追击朱溪厂、龙门厂的日军。

10月1日，第20军将龙门厂收复以后，侧击了驻守在长寿街的日军；第79军将桃树港、献钟以及麦市等地收复。10月3日，日军第33师团的主力部队和第13师团奈良支队在三眼桥地区会师，向东赶往渣津，对修水发起进攻；10月4日，和中国第27集团军以及第79军进行了一场激烈的对战以后，分别朝着南江桥、麦市以及通城方向撤退。

中国第15集团军跟着日军进行追击，相继将安定桥、新市以及汨罗等地收入了。10月5日，日军全部撤走了，上村支队遭遇了中国第54军新编第23师偷袭之后，急匆匆地逃回了岳阳；10月9日，第6师团向新墙河撤退；第33师团撤退到了通城；奈良支队也撤退到了通城。中国军队展开了全新的追击，并且将先后平江与南江桥等城镇收入了。10月13日，第一次长沙会战宣告结束。

## 第二次长沙会战

1941年9月，日军第11军司令官——阿南惟畿带领着大约12万人，进攻并占领了岳阳、临湘一带，想要在湘北地区将中国第九战区的主力部队击败。

　　日军为了给予中国第9战区的主力部队一个沉重的打击，彻彻底底地将中国军队与人民的抗战意志摧毁，日本第11军在湘北岳阳一带调集了45个步兵大队，26个炮兵大队，总共大约12万多人，并且配有20多艘军舰，200多个汽艇，100多架飞机。在阿南惟畿的带领之下，使用把主力部队并列在狭窄正面上，利用纵深突破的战斗谋略，进犯中国长沙地区。

　　为了对来犯之敌进行阻击，国民政府军事委员会命令第3战区、第5占区以及第6战区大力进攻正面的日军，以便将日军的兵力调动牵制起来。于是，第9战区袭击了日军，导致其没有办法将兵力集中起来，然后接着新墙河、汨罗江与捞刀河这3线阵地，将日军的主力部队引诱到了长沙东北地区，然后将其包围并消灭。第9战区参加这次战斗总共包括40个师，50多万人，而薛岳是他们的司令长官。

　　9月7日，日军的第6师团开始大力地扫荡在湘北大云山驻守的中国军队游击根据地，以便对其第3师团、第4师团以及第40师团集结于新墙河右岸进行掩护。中国第4军顽强地与之进行抗击以后撤出了守卫部队。9月10日，中国的第58军对大云山进行增援，将这个地区收复了；9月13日，在甘田地区遇到了日军的第40师团，并且与之进行了一场十分激烈的战斗，到了9月17日，日军的主力部队在新墙河北岸进行展开，使其对于湘北进攻的部署得以完成。

　　9月18日黎明时分，日军的第4师团沿着粤汉路向长沙地区行进；独立第14混成旅团朝着洞庭湖南岸前进；第3师团、第6师团以及第40师团从港口到新墙市附近强行渡过新墙河，快速地从中国守军的正面防线突破出去，继续向南前进。而中国军队依靠着新墙河顽强地对日军进行阻击以后，朝着右翼山地进行转移。9月19日，日军到达了汨罗北江岸地区。

　　为了促使日军向长沙前进的步伐停下来，中国第9战区通过电报命令第37军与第99军在汨罗江南岸进行坚守，以便对来犯之日军进行阻击；中国第20军与第58军、第4军协同作战，在19日黎明时分朝着日军进行侧击；中国第26军从金井朝着捞刀河以北急速地前进；中国第74军朝着浏阳河一带急速地进行；打算在长沙以北三姐桥与金井之线进行大规模的反击。

　　这个时候，日军将中国第9战区作战命令的电报截获，并且破译了，所以，通过慎重的思考之后决定将原来的作战计划放弃，命令各个师团向东进行前进，在捞刀河以北地区将东面对日军进行侧击的中国军队包围并消灭。

9月24日，日军强行渡过汨罗江，想要将右翼守军包围并歼灭。9月21日到9月23日，中国的第58军在洪桥地区，中国的第20军在关王桥地区，中国的第4军在洪源洞以南地区，与日军进行了一场十分激烈的对战；中国的第37军与第10军和日军的第4师团、第3师团在神鼎山、密岩山、班召庙附近进行了十分激烈的对战；中国的第2军和日军第6师团一部、第40师团一部在瓮江、蒲塘地区进行了十分激烈的对战。

日军将中国第37军的阵地突破了，中国第37军不得不撤退到安沙地区。日军在蒲塘地区将中国第26军包围。中国第26军在9月25日晚上，接到命令朝着更鼓台、石湾方向进行突围；而在9月24日早晨前来进行增援的中国第10军，受到了日军的猛烈的攻击，与之苦苦对战直到下午，陷入了混乱之中。9月26日，中国第10军在万般不得已的情况下突围转移到了石鼓牛及天雷山之线。

中国的第74军从江西地区赶过来进行增援，与日军在春华山、永安市一带遭遇，并且进行了一场十分激烈的对战。随后，中国第74军又遭到了日军飞机的袭击，损失相当惨重，在不得已的情况下向南撤退了。9月26日，日军第4师团从捞刀河渡了过去。9月27日下午，日军第4师团一部从浏阳河渡了过去，并且在当天傍晚的时候从长沙城东南角冲进了市里面，9月28日将长沙地区占领。9月29日，日军第3师团通过不断的进攻与战斗，来到了株州一带。

早在9月27日，最高统帅部就通过电报命令中国第9战区将攻势进行转移，从各个方向调集大量的增援部队陆陆续续地赶往战场加入到战斗中去，并且在捞刀河与浏阳河之间将日军包围起来。与此同时，中国第3战区、第5战区以及第6战区的部队分别朝着正面的日军发起了非常猛烈的攻击。

被围困在长沙地区的日军和他们后方的联络线已经被中国军队切断了，而且日军的补给也变得非常困难，于是，在10月1日傍晚的时候，日军不得不向北撤退。10月2日，国民政府军事委员会向第9战区的部队下达命令，使他们对逃跑的日军进行追击；中国的第79军朝着长乐街、新市方向对逃跑

的日军进行跟踪与追击，中国的第 58 军与第 72 军朝着关王桥、杨林街方向对逃跑的日军进行追击；中国的第 4 军、第 20 军以及第 99 军的主力部队在马鞍铺、青山市、金井附近，对日军进行拦截与阻击；中国的第 26 军、第 74 军以及暂编第 2 军对浏阳河与捞刀河之间的战场进行打扫。

10 月 5 日，中国截击的军队在汨罗江以南地区同日军进行了一场非常激烈的战斗，逼着日本军队北渡汨水朝着新墙河以北方向进行撤退。10 月 6 日，中国追击日军的部队从汨罗江渡了过去。10 月 8 日，中国追击日军的部队越过了新墙河，继续大力地攻击日军。10 月 11 日，中国军队将原来的阵地收复了，在新墙河与日军军队形成了一种对峙的局面，第二次长沙会战宣告结束。

## 第三次长沙会战

1941 年 12 月，日军为了对其在香港的作战进行配合，阿南惟畿带领着 4 个师团、3 个旅团，共计 10 万左右的人马，用 3 个师团将湘北新开塘与西塘占领，沿着从岳阳地区到长沙地区的铁路向长沙地区进犯，一个师团从赣北安义向上高地区进犯，与他们的主力部队进行配合向长沙地区进犯。薛岳带领着 13 个军，总共有 17 万左右的人，将 10 个军布置在湘北新墙、长沙地区，将剩下的 3 个军放在赣北武宁与上高地区进行防御。

12 月 19 日，湘北日军一部将岳阳东南段山占领了。从 12 月 24 日开始，日军第 3 师团、第 6 师团与第 40 师团相继从新墙河与汨罗江防线突破出来南下，中国守军以少数兵力和日军进行接触，第 37 军与第 99 军的主力部队朝着金井以东地区与铁路以西地区进行转移。12 月 31 日，日军先后从捞刀河与浏阳河渡过之后，从南、东、北 3 个方向将长沙地区包围，并且在第二天发起了非常猛烈的攻击。面对日军的进攻，中国守城的第 10 军十分勇敢地进行抵抗，使日军的进攻受挫。

1942 年 1 月 4 日，中国守军第 4 军与第 79 军等部队对日军进行了反包围，开始施行反击，日军在万般不得已的情况下向东北方向撤退，中国的守军对日军进行跟踪追击，导致日军付出了极其严重的伤亡代价。1 月 16 日，日军撤退到了新墙河以北地区，从赣北向西前进的日军第 34 师团也被中国军队击退，第三次长沙会战宣告结束。

在长沙会战当中，中国军队使用了逐次进行抗击，引诱日本军队深入，坚持对长沙的核心阵地进行守护，合围聚歼，动员中国军民对日本军队的补给线进行破坏等战略方法，促使长沙会战最终取得了伟大的胜利。

### 局势分析

第一次长沙会战，发生在欧战刚刚爆发后没多长时间，那个时候正是波兰被打败、欧洲陷入危急的关键时刻。在第一次长沙会战中，国民党军队使用 10 万左右的兵马，给予了前来进犯的日本军队一个迎头痛击，粉碎了日军想要将中国第 9 战区的主力部队消灭的企图，从而很好地促使欧洲各界人士开始关注中国的局势。

第二次长沙会战，发生在苏德之战爆发以后的 3 个月。在德军无比强大的攻势之下，苏联战局陷入了非常危险的境地。在这次对战的过程中，尽管国民党军队遭受了很大的损失，日本军队也曾经一度进攻并占领了长沙地区，但是到了最后的时候，日军还是被迫从长沙地区撤了出来，而中国的战局并没有因为这件事情而受到什么影响。

太平洋战争刚刚爆发，第三次长沙会战也随之爆发了，那个时候，日军连连取得胜利，而同盟国的军队是不断地被打败。在这样的形势之下，国民党军队在第三次长沙会战当中取得了伟大的胜利，这不但对于中国国内，而且对于同盟国而言都有着非常重大的意义。正是因为这样，第三次长沙会战的胜利促使盟国，尤其是英国与美国开始关注中国的战事。

1942 年 1 月 1 日，第三次长沙会战正在进行着，世界上 26 个对法西斯进行反对的国家在美国的华盛顿聚会，并且对外发表了联合宣言。中国和英国、美国与苏联作为 4 大强国，带头在宣言上面进行了签字。1 月 3 日，盟国组建了中国战区盟军统帅部，经过罗斯福的提名，由蒋介石担任盟军统帅部的最高统帅，对在中国的美国军队以及东南亚越南、泰国的军队对日战斗进行统一指挥。

在第三次长沙会战取得胜利之后的第 22 天，罗斯福发电报给蒋介石表示祝贺。这份电报的字里行间都洋溢着一种热情与恭喜之情，与此同时，罗斯福还对外宣布再一次提供 5 亿美元的贷款给中国。随后，罗斯福又用他妻子的名义，对蒋介石夫人宋美龄发出邀请，邀请她到美国进行访问，在美国国会上进行演讲。他还通过自己的代表，也就是驻华美军司令官，同时也是中国战区参谋长——史迪威，将一枚美国勋章授予给了薛岳，这个中国第9战区的司令长官，同时也是第三次长沙会战的组织者与指挥员。

除此之外，在第三次长沙会战刚刚取得胜利之后没有多长时间，美国政府与英国政府就主动提出，要将西方列强和中国历届政府所签订的大量不平等的条约废除，将上海与厦门等地的公共租界归还给中国，将领事裁判权取消。

一个国家也好，一个民族也罢，都一定要做到自尊、自强，这样才能够得到世界上其他国家与民族所给予的尊重和平等对待。第三次长沙会战所取得的胜利，不仅为中国迎来了各种荣誉和平等待遇，而且再一次证明了这个真理。

中国在国际上的地位得以提高，并不是单纯地由于中国在第三次长沙会战中取得了胜利，更确切地说应该是，这是整个中国同心协力，共同抵御外敌以及长时间坚持不懈的努力换来的。

## 说点局外事

薛岳，也叫作仰岳，1896年出生在广东省一个名叫乐昌县的地方。1910年，薛岳参加了中国同盟会，曾经做过孙中山先生警卫团的营长。后来，薛岳在国民革命军李济深第4军中担任师长之职。1935年，薛岳担任贵阳绥靖主任之职，曾经代理黔省主席。抗日战争开始以后，薛岳主动提出到前线杀敌的请求，随后，带领部队参加了"八·一三"上海抗战。1939年，薛岳代理第9战区的司令长官，主要负责对两湖与江西部分地区与日军的战斗进行指挥。

在广州地区与武汉地区先后沦陷之后，位于粤汉之间的湖南就成了日本军队进攻的主要目标。日军为了占领长沙地区，先后2次对长沙发起进攻，但最终都没有得逞。在这种情况下，日军在1941年12月23日集结了大量的兵力第三次对长沙地区发起了猛烈的进攻。薛岳非常认真地将前两次会战的经验与教训进行了总结，制定了一系列的作战计划。中国军队在与日军进行了数次的激烈对战以后，将日军的各路进攻全部打退，使得日军节节败退，陷入了处处挨打的地步。第三次长沙会战最终取得了胜利。在整个战役当中，一共消灭了 5 万多名日军，狠狠地打击了日本侵略者之前异常嚣张的气焰。

在抗日战争取得胜利以后，薛岳被任命为徐州绥靖公署主任。1949 年，薛岳担任广东省政府主席之职，同年底，薛岳担任海南岛防卫总司令之职。1950 年 5 月，薛岳前往中国台湾。

# 日本投降

时间飞逝，斗转星移，抗日战争已经持续了整整 8 年的时间。日本侵略者从刚开始的嚣张无比，逐渐地已经蔫吧了。1945 年，对于日本人来说，是一个比飓风还要可怕好几百倍的灾难年，而对于中国人来说，可是令人兴奋的好年，因为那些日本侵略者终于被中国的军民打得爬不起来了，打得不敢与中国人对战了。日本侵略者们在这一年终于宣告无条件投降了。

这天，日本首相铃木贯太郎的表情十分凝重，眼神中也含着很大的不安。原来，在记者招待会上，他迫不得已地就《波茨坦公告》表明了日本政府的立场："我觉得那份公告只不过是《开罗宣言》的翻版，日本政府认为它没有任何的价值，并且对它置之不理。我们只为了战争到底前进。"

没多久，日本政府对于《波茨坦公告》采用置之不理的态度的消息，传播到整个世界。日本人万万没有想到这一举动为其带来了非常严重的后果。1945 年 8 月 6 日，天气晴朗，清新的空气中夹杂着些许沉闷，3 架 B-29 轰炸机来到了广岛的上空，并且投下了一颗足有 5 吨之重的原子弹。随着一阵巨大的爆炸声，片刻之间，城市忽然卷起了蘑菇状了烟云，好几百根火柱一下子冲天而起，广岛市迅速地陷入了一片火海。8 月 9 日，第二颗原子弹在日本长崎爆炸。当天，苏联的红旗就好像决堤的怒潮一样，将日本的关东军吞没了。

8 月 9 日上午 10 点 30 分，日本政府几个重量级人物，比如，首相铃木贯太郎、陆相阿南惟畿、海相米内光政、外相东乡茂德、参谋总长梅津美治郎以及军令部总长丰田副武，召开了最高战争指导会议。铃木第一个发言说，

根据现在的形势来看，我们必须接受《波茨坦公告》，并且向与会者征询意见。会场一时间陷入静默当中，很长时间都没有一个人说话。这时，米内将沉默打破了，说如果我方接受《波茨坦公告》，是无条件全部接受呢？还是由我方提出些许希望条件？倘若提出附加的希望条件，第一就是对国体进行维护；第二就是对战犯进行惩罚，将武装解除以及关于占领军的进驻问题等。大家就此展开了十分激烈的争论，东乡提倡对国体进行维护的单一条件方案，阿南与梅津则表示还没有到将《波茨坦公告》无条件地接受的地步，倒不如尝试最后的机会，来一个本土决战。与会者不停地进行争论，到了晚上10点半依然没有得出一个统一的决定。

晚上11点左右，铃木前往皇宫奏请在御前召开最高战争指导会议。11点50分左右，在皇宫防空洞内的一个会议室中召开了第一次御前会议，这次会议的主旨在于是不是接受《波茨坦公告》。铃木表示："在7月26日发布的三国公告所列举的条件当中，并不包括要求变更天皇在国法上的地位的谅解下，日本政府予以接受。"东乡与米内也觉得日本政府已然失去了通过谈判将问题解决的余地，一切都应该集中到皇室的问题上来。陆相阿南、参谋总长梅津以及军令部总长丰田则提倡继续进行抵抗。到了凌晨2点左右，与会者还没有商量出一个统一的答案，铃木向天皇提出请求，让其作最后的决定。日本天皇对于接受《波茨坦公告》表示同意。

8月10日下午7点，日本政府只提出唯一一个条件，即保留天皇仍然作为日本的元首，通过瑞典、瑞士向同盟国发出了乞求投降的照会。8月13日，担任美国国务卿之职的贝尔纳斯代表同盟国政府给日本政府回电，要求，第一，日本政府应该听从盟国最高统帅的命令，天皇一定要授权并且保证日本政府以及日本帝国大本营能够在必须投降的条款上签字，使《波茨坦公告》的规定能够得以施行。而且还需要对日本所有陆海空军当局以及其控制下的任何一支部队（不管这支部队在什么地方）发布命令，让他们将武器交出来。除此之外，还需要发布盟国最高统帅在施行受降的时候所需之其他命令。第二，日本政府的最后形式将根据日本人民自由意志来决定。第三，同盟国的武装部队将会留在日本，直到《波茨坦公告》中规定的目的实现为止。

8月14日晚上，铃木再一次召开了紧急阁议，并且恳请日本裕仁天皇亲自坐镇。日本裕仁天皇坚持自己原本的意见，接受《波茨坦公告》，让战争结束；并且颁下命令起草停战的诏书，打算进行广播。8月15日中午，日本裕仁天皇以广播的形式发表了《终战诏书》，正式对外宣布日本政府无条件投降。

当重庆人民得知日本投降的消息后，成千上万的市民走上街头，像海涛似的欢呼，一时之间，接连不断的鞭炮声，激烈持久的鼓掌声，兴奋的欢呼声，将整个山城淹没了。当延安人民得知日本投降的消息后，家家户户的人们都涌出来，奔向大街，走向广场……人们欢笑啊！尖叫啊！手舞足蹈啊！热情拥抱啊！当日本投降的消息传遍世界后，整个世界都沸腾起来了！

1945年9月2日，美国"密苏里"号战舰停泊在日本东京湾。在这艘战舰上，日本代表在无条件投降书上签了字。9月9日，侵华日军总司令冈村宁次在南京地区向中国政府陆军总司令何应钦递交了投降书。

## 局势分析

持续了八年之久的抗日战争，中国最终以巨大的牺牲换来了民族的解放，就好像《解放日报》社论中所描写的那样："在八年抗日战争中，中国人民表现出了不畏强敌的英勇精神与坚持抗战的坚强意志。在前线，中国军队的勇士们不怕流血牺牲，坚持与敌军进行战斗；在后方，工农大众、智识界以及产业界努力地进行工作；海外爱国侨胞则非常踊跃地进行捐助钱财物品，从而援助祖国的抗战活动。全中国人民的这种英勇奋斗的事迹，将永远地留在史册上。""如今这个可恶的敌人，已经被中苏美英的联合力量打败了。中国已经从日本帝国主义的压迫之下解放出来了。日本帝国主义对于我中华民族独立生存所产生的威胁已经被消灭了。半世纪以来，我中华民族所遭遇的奇耻大辱以及血海深仇，到现在终于报仇雪耻了。这真的是我中华民族千百年以来从来没有过的大事，值得所有的中国人热烈地进行庆祝。"

## 说点局外事

1944年，在共产党领导之下的敌后军民在华北地区、华中地区以及华南地区，对日伪军展开了局部的反攻。那个时候，因为国民党军队主力部队集

中在中国的西南与西北大后方地区，而日军攻占的大多数城镇、交通要道以及沿海地区都在解放区军民的包围中，所以，敌后抗日根据地的人民军队自然就担起了对于日军全面进行反攻的任务。1945年，八路军与新四军向日军展开了规模很大的春季攻势、夏季攻势，使得解放区得以扩大，使得不少解放区间的联系被打通了。

8月9日，毛泽东发表了一份声明——《对日寇的最后一战》，要求新四军、八路军以及其他人民军队，利用一切可以利用的条件，对于那些不愿意投降的日本侵略者及其爪牙发起广泛的攻击。按照延安总部的指示与命令，各个解放区马上组织了反攻大军，向日军与伪军发出了通牒，陆续发动了非常猛烈的全面反攻。从8月11日到9月2日，八路军、新四军以及华南人民武装部队一共将县以上150座城市解放，其中就包括华北的重镇——张家口，中国军队的反攻取得了重大的胜利。

# 第二章　政事

## 宋教仁遇刺

宋教仁也算得上是中国近代史上一个赫赫有名的人物了，他是中国民国初期首位提倡内阁制的政治家，做过华兴会与同盟会的重量级人物，还当过中华民国临时政府唐绍仪内阁的农林部总长，总之，他头上有很多令人瞩目的头衔。但就是这样一个光芒万丈的人，最后却死于别人的暗杀。这到底是怎么回事呢？

1913 年 3 月 20 日晚上 10 点左右，在黄兴、于右任等人陪同之下，担任国民党代理理事长之职的宋教仁来到上海火车站，打算乘坐火车北上。忽然，随着"砰"的一声枪响，走在众人前面的宋教仁弯下腰来，手扶着旁边的铁栏杆，脸色非常难看而痛苦，对周围的人说："我被枪弹击中了。"接着，又响了两声枪，火车站陷入了一片混乱中。等到大家回过神的时候，宋教仁已经倒在了鲜红的血泊当中。大家赶紧将宋教仁送往医院进行抢救。但是，因为宋教仁中弹的地方为要害部位，而且更可恶的是子弹上有毒，所以，宋教仁的伤势相当严重，最终由于抢救没有效果，在 3 月 22 日凌晨离开了这个世界。当时，宋教仁仅仅只有 32 岁。

这位将要担任国务总理之职的人物因为暗杀而死亡的事情，使得整个中国都震惊了，同时也使全世界感到震惊。人们都开始猜测，为什么宋教仁会遭遇暗杀呢？

宋教仁遭遇暗杀身亡的消息迅速地传遍了大街小巷，几乎每一个朝野人物都作出了相应的反应，但是有一点则是相同的，那就是要求快速将真凶缉拿归案，对亡者进行告慰。远在国外的孙中山马上向国内致电，要求："希望党人合力调查这件事情的原因，以谋昭雪。"当时，担任临时大总统之职的袁世凯在收到消息以后，也颁下命令，让江苏都督程德全等人迅速地将真凶抓住，按照法律严肃地进行惩罚。那么，真凶究竟是谁呢？

不少人都觉得宋教仁被刺的案子是一个没有一点儿头绪的突发案件，但是却非常迅速地侦破了，令人们感到非常意外。3月23日，也就是宋教仁身亡的第二天，上海公共租界巡捕房就是在古董商人——王阿法所提供的线索的帮助下，将凶犯应夔丞抓住，随后又将杀手武士英抓住，并且查到了这两个凶犯和担任内务部秘书之职的洪述祖、担任国务总理之职的赵秉钧往来的密电。没多久，宋教仁被刺的案情就大白于天下了。

原来，国民党在国会选举中获得胜利以后，赵秉钧就通过洪述祖将上海流氓头子应夔丞收买了，打算对付宋教仁。双方在讨价还价之后，最终达成了暗杀宋教仁的协议，由应夔丞手下的一个名叫武士英亡命徒来完成。3月13日，洪述祖向应夔丞致电："毁宋酬勋位，相度机宜，妥筹办理"。第二天，应夔丞回复道："已经发紧急命令设防剿捕"。3月18日，洪述祖再一次给应夔丞发电："事速行"。3月21日，应夔丞给洪述祖通电，告之："匪魁已灭，我军一无伤亡"。

这些函电充分地说明对宋教仁进行刺杀属于事先经过周密部署的一场政治谋杀。另外，这些函电还证实了袁世凯、赵秉钧都与这个案子有关系。4月25日，江苏都督程德全等人将查获的所有函电证据公布于众。到这个时候，宋教仁被刺杀的案件真相大白，全国上下都震惊了。这也超出了袁世凯的预料，使得他在政治上陷入了十分被动的局面，担任国务总理之职的赵秉钧也不得不在5月1日对外声称因为疾病离职了。

宋教仁被刺的案件发生以后，孙中山等人深刻地认识到，袁世凯并不是民主的守护神，实际上是破坏民主共和的罪魁祸首。革命党方面极其强烈地要求对宋教仁被刺的真凶洪述祖、赵秉钧进行审判，并且将矛头直接指向了袁世凯。然而，真的能够让凶手得到应有的惩罚吗？

针对宋教仁被刺案的司法解决程序而言，真凶应夔丞、武士英经过租界会审公廨数次进行审讯，案子的真相基本上已经明朗了，随后，应夔丞与武士英被移交到了上海地方检察厅。但是，就在审讯的前一天，武士英在狱中暴死，死得非常蹊跷，令人产生怀疑。而指使应夔丞、武士英作案的内务部秘书——洪述祖则藏在青岛租界，没有办法引渡到上海受审。担任国务总理之职赵秉钧则公开地对上海地方检察厅的传票进行藐视，用"旧疾复发"作为借口，拒绝前往上海地方检察厅受审。就这样，依靠司法将宋教仁被刺案解决已经没有可能了，幕后的真凶依然逍遥法外。

围绕着宋教仁被刺的案子，革命党人和袁世凯北洋派针锋相对，双方之间的关系急速恶化了。再加上这个时候的袁世凯施行善后大借款，革命党和袁世凯之间的关系变得更加紧张了。没多久，革命党达成了"去袁"的共识，革命党和北洋派的矛盾也因为这些原因而迅速激化，双方利用武力进行对决已经成为了定局，于是，"二次革命"很快到来了。

**局势分析**

为什么袁世凯与赵秉钧要对宋教仁进行暗杀呢？这还得从宋教仁这个人说起。

宋教仁是湖南桃源人，早年就参加了反对清朝的革命活动，后来前往日本留学，进入日本东京政法大学、早稻田大学学习，忠实地信仰西方政党政治理念。中国民国成立以后，宋教仁对于议会选举十分热衷，他将同盟会改组，与其他党派进行联合，建立了国民党，为议会的选举进行造势。

1913年年初，在国会的选举当中，国民党取得了胜利，荣升为国会第一大党。在宋教仁看来，实现政党政治的前景似乎就在当下，为此，他相当兴奋。在所到的每一个地方，宋教仁都会发表演讲，倡导实行议会政治，组建责任内阁。他也一改之前十分"稳健"的形象，多次对以袁世凯作为首领的北洋派控制下的政府进行责难。这势必会引起袁世凯与北洋派的嫉妒与愤恨，因为只要宋教仁成功地组建内阁，那么必然会践行其政治理念，这非常不利于袁世凯个人的专制图谋，所以，袁世凯才容不下宋教仁。况且，宋教仁拥有崇高的理想，高尚的人格，曾经对于袁世凯为了拉拢他而贿赂的50万元巨款没有动心。袁世凯见拉拢宋教仁不成，于是就选择了利用暗杀的方法除掉

宋教仁，于是才有了宋教仁被刺的案子。

## 说点局外事

1913 年 3 月 21 日，宋教仁离开人世之后，被人们安葬在了海闸北的宋公园，也就是今天的闸北公园内。宋教仁的墓地的形状近似于正方形，周围砌着 24 根圆头方柱，连接起来成了石栏。宋教仁的墓寝为半圆形的，坐北朝南，墓的前面竖着一块墓碑，上面写着："宋教仁先生之墓" 7 个大字，这是孙中山先生亲手写上去的。

宋教仁墓的墓顶上面有一只雄鹰，这只雄鹰脚下踩着一条青蛇，一副展翅欲飞的样子，象征着宋教仁的一生为了实现宪政的理想，而不断地与保守的旧势力进行顽强不屈地作战的精神。墓地的南面、正中左右有 2 根石柱，墓地的入口，设置了 8 级台阶，供人们一个台阶一个台阶地往上登。

在墓区正中石柱的顶端有一个使用大理石雕刻出来的宋教仁穿着西服的坐像，这个雕塑的底座正面刻着两个字——渔父，是章太炎的篆文手迹。背面刻着铭文，是于右任写的："先生之死，天下惜之。先生之行，天下知之。吾又何记？为直笔乎？直笔人戮！为曲笔乎？曲笔天诛。於乎！九泉之泪，天下之血。老友之笔，贼人之铁！勒之空山，期之良史。铭诸心肝，质诸天地。"

墓区的整个广场与通道都是用花岗石砌成的，四周种植了各种各样的花草树木，比如，龙柏、香樟、广玉兰以及月季等，使得整个墓园看起来非常庄严而肃穆。

# 二次革命

宋教仁因为遭到了刺客的暗杀离开了，但是，他可是民国时期的大人物，是能够对中国社会发展产生极大影响的人物，不可能死了之后就悄无声息，一点儿动静也没有。于是，宋教仁的死引起了一些拥有很高身价的人的关注，继而引发了二次革命。这是怎么回事呢？

1912 年 2 月，大清王朝的隆裕老太后命令袁世凯建立一个临时共和政府。而同盟会在南北和谈的时候，比隆裕太后的命令要早一些地组建了临时政府。南方已经独立的各个省份最后决定推选袁世凯作为临时总统之职。1913 年 2 月，按照《临时约法》的规定，中国第一次举办了国会选举活动。由同盟会作为重要成员组建的国民党得到了最多的议席，谋划着由宋教仁担任内阁总理的职务。

1913 年 3 月 20 日，在上海车站，宋教仁由于被人刺杀，最终在两天之后身亡了。凶手应桂馨逃到了上海公共租界，不过，还是被擒获了。对此，陈其美势力宣告，通过搜查得到了凶手和担任国务总理之职的赵秉钧以及担任内务部秘书之职的洪述祖有过通讯。那个时候，各种证据，都指向了袁世凯，说明袁世凯才是这次暗杀背后的策动者。在在得到租界会审公堂移交的证据以后，江苏都督程德全与民政长应德闳将凶手应桂馨与担任国务总理兼内务总长之职的赵秉钧以及担任内务部秘书之职的洪述祖间有过的非常秘密的电报以及函件的重点，利用"通电"的形式公布于众，使国内外人士都得知了这一消息，从而强逼着赵秉钧利用向外界发公开电报的形式为自己进行辩解。上海地方检察厅也公开将担任国务总理之职的赵秉钧传讯。但是，赵秉钧对上海地方检察厅的传讯表示拒绝，所以，他最终也没有应讯。然而，社会舆论的压力过于强大，赵秉钧在万般不得已的情况下，向袁世凯递上了辞呈，而袁世凯也批准了，并且让段祺瑞代理。

在宋教仁被刺杀的案件发生之后，孙中山立即从日本回到了中国，并且在中国上海地区开会，提倡对袁世凯进行征讨。然而，国民党内部的意见并不是统一的，有一些领导人，比如，黄兴等人，希望使用和平的方法，在不破坏临时约法的基础上，利用法律的手段进行抗争。

1913 年 4 月 26 日，袁世凯控制之下的北洋政府，为了促使军队得以扩充，与英国、德国、法国、俄国以及日本五国银行团签署了借款的合约。

同年 5 月初，国民党员江西都督李烈钧、安徽都督柏文蔚以及广东都督胡汉民公开发表电报，对贷款表示反对。黎元洪在中间进行斡旋，想要将北洋政府与国民党之间的争执化解。6 月，袁世凯频繁地做着一些动作，他首先将李烈钧、柏文蔚以及胡汉民这 3 个人的都督之职免除了，然后又派遣北洋军第 6 师李纯部前往江西地区。

1913 年 7 月 12 日，由于袁世凯一步接着一步地逼迫，孙中山指示已经被免除职务的李烈钧从上海地区回到江西地区，在湖口地区将原先的部将都召集起来，组成了讨袁军总司令部，正式对外宣告江西独立，并且公开发表电报宣告对袁世凯进行征讨。1913 年，江苏宣布独立，组织对袁世凯进行讨伐。大家选举江苏都督程德全担任南军司令之职，但是，程德全放弃了这个职务，并且逃到了上海地区。接着，上海陈其美、安徽柏文蔚、湖南谭延闿、福建许崇智以及孙道仁、四川熊克武也都对外宣告独立。浙江朱瑞与云南蔡锷表示中立。7 月 18 日，陈炯明对外宣告"广东独立"，对孙中山的号召进行响应。

1913 年 7 月 22 日，在中国徐州地区，江苏的讨袁军与冯国璋北洋第 2 军和张勋武卫前军进行对战，但是最终以失败告终，不得已撤退到了中国南京地区。7 月 22 日到 7 月 28 日，上海的讨袁军多次对江南制造局发起猛烈的进攻，但是非常不幸的是，几次进攻都没有取得成功。上海租界当局强行将讨袁军的指挥部解散了。7 月 28 日，黄兴看着大局已经没有什么希望了，就离开讨袁军出走了，导致讨袁军全局发生了动摇。8 月 11 日，何海鸣带领南京第 8 师部分下级军官以及官兵再一次高举旗帜对袁世凯进行讨伐，对外宣告恢复独立，大约 2000 多名将士们与北洋军展开了一场相当激烈的血战。

1913 年 8 月 13 日，对袁世凯进行拥护的桂军龙济光所率领的部队对广州地区发起进攻，并且占领了广州地区。1913 年 9 月 1 日，张勋武卫前军对南京地区发起攻击，并且拿下了南京地区，各个地区宣告撤销独立。孙中山、陈其美以及黄兴等人遭到了通缉，纷纷逃亡了日本，至此，二次革命失败了。

1913 年 10 月 6 日，国会召开，并且推选袁世凯担任第一任正式大总统之职。11 月 4 日，袁世凯使用"叛乱"的罪名颁发命令，将国民党解散了，并且将国会内部拥有国民党籍的议员都驱逐了出去。国会因为严重缺乏人数而导致其没有办法正常地进行运作，所以，没有过多长时间也被解散。从此之后，袁世凯就成为了一个名符其实的寡头总统，并且在几年之后登基称帝。幸运的是，袁世凯后来的称帝美梦最终还是失败了。

在民国历史上，二次革命的失败是一个非常不幸的开端。袁世凯登基称帝最终失败以后，很多组建民主国家一定要具备的措施，比如，民选议会、将军队国家化、以法治国等，都丧失了健健康康进行发展的契机。取而代之的是公开而放肆的军队干政、连续不断的革命和反革命，导致了战火连连。

## 局势分析

二次革命属于一场资产阶级革命民主派对于袁世凯的独裁统治进行反对，对民主共和制度进行保卫的战斗。

二次革命之所以会失败，主要是因为国民党与资产阶级的联合，并且没有掌握真正的兵权；政治基础不够牢靠，武装力量比较薄弱；二次革命的领导者并没有广泛地发动人民群众，让人民群众也参与到其中来；讨袁军们都是仓促上阵的，严重地缺乏战略计划以及统一的指挥，缺乏战略的合作与协同，他们不仅孤军作战，十分冷清，而且就连大部分的国民党议员也都在北京地区留恋着议席。

二次革命标志着辛亥革命遭遇失败以后，革命党人对革命果实进行保卫与利用武装对袁世凯独裁斗争进行反对的开始。尽管没有过多长时间，二次革命就宣告失败了，但是它依旧对袁世凯的独裁统治造成了一次非常严重的打击。另外，二次革命最终以失败告终，也恰恰很好地证明在那个时候的历史条件下，想要获得政权，单纯地利用议会斗争的道路是走不通的。

## 说点局外事

在辛亥革命之后到二次革命之前，中国的政治舞台上有北洋军阀、立宪派以及革命派势力3种相互制约与抗衡的势力。

其中，地主、买办阶级是北洋军阀的社会基础。辛亥革命发生以后，袁世凯利用和平手段对清朝皇帝进行逼迫，使其在不得已的情况下退位。1912年3月，袁世凯被推选为中华民国临时大总统。他上任以后，使国防建设得以强化，北洋军事武装得以扩编，清末新军、新式陆军以及旧巡防营军与张作霖等军，大约有30多万人。

已经或者正在转化为民族资产阶级的地主、官僚以及商人，都是立宪派

的阶级基础；梁启超、张謇等人就是立宪派代表人物。处于立宪派控制之下或者巨大影响的政党包括统一党、共和党与民主党。立宪派对中国南方的部分省市的军队也有着相当大的影响。

立宪派的势力为中国资产阶级的右翼，它与封建的旧社会秩序有着相当密切的联系。在辛亥革命爆发之前，它提倡君主立宪，对君主专制表示反对，但是又用改良主义对革命进行抵制。在辛亥革命发生之后，立宪派站在自身利益上，曾经与革命派有一个短暂的联合，对清政府表示反对，对袁世凯表示支持。如此一来，立宪派就从原本的反对清政府的势力变成了依附于袁世凯的势力，从暂时与革命派进行联合到公开地进行对抗。按照立宪派人的这种政治性格，那个时候，尽管立宪派对袁世凯表示拥护，但是又与袁世凯的派系有着很大的区别，从本质上来看可以将其视为一种中间势力。

以孙中山作为代表的革命派，其力量十分薄弱，而且也没有将全国统一的领导能力，是反对北洋政府的主要势力。

上文介绍的3种势力，大体上可以分别看作是：执政势力（袁世凯的派系）、中间势力（对袁世凯进行拥护的派系）以及反对派势力（对袁世凯进行反对的派系）。如果使用在对待革命上所持有的态度进行区分的，那么就可以分别看作是：反革命势力、反革命依附的势力以及革命势力。

正是由于这3种势力之间所存在的争斗和抗衡，才酿成了二次革命爆发之前的一个又一个的非常重大的历史事件，比如，定都之争、参议院的风波、江西民政长事件、宋教仁案等。

# 武昌起义

大家都知道，中国武昌地区曾经发生过一场非常有名的武装起义，被称为"武昌起义"。它可是不是一般的小起义活动，是一场拥有划时代意义的起义，对于整个中国社会的发展与前进起到了非常重要的作用。对于武昌起义，你了解多少呢？

在1911年5月，清政府以铁路应当归国家所有的名义，收回了已经归于民间拥有的川汉、粤汉铁路筑路权，然后又立即将其卖给了英国、法国、德国以及美国银行团，大大地激发了湘、鄂、粤与川等省百姓的反对，从而拉开了保路运动的序幕。尤其是在四川省保路运动特别激烈，各地也都纷纷组织保路同志会，推荐立宪党人蒲殿俊、罗纶担任正会长与副会长之职，将"破约保路"作为其宗旨，有数以万计的人参加。为此，清政府颁发命令，对其进行镇压。

1911年9月7日，担任四川总督之职的赵尔丰将很多保路同志会代表，比如，罗纶、蒲殿俊等逮捕，同时，还开枪打死了很多前来请愿的普通群众。第二天，清政府又颁下命令，将各个地方的保路同志会解散。这极大地激发了四川人民的愤怒，他们捣毁了各个地方的电线，在沿途中设卡，与官府断绝文书的往来。随后，荣县宣布独立，成为了整个中国首个从清王朝的政权中脱离出来的地区，促使保路运动达到了高潮，同时也成了武昌起义的先声。

清王朝朝廷为了将四川的人民起义平息，派遣大臣端方带着大量的湖北新军前往四川进行镇压，这样一来，清朝军队在湖北的防御力量就大大地减弱了，所以，革命党人经过慎重考虑决定在武昌地区发动起义。

1911年9月14日，在同盟会的推动之下，文学社与共进会成立了统一的起义领导机关，联合起来反对清王朝，并且作出了邀请宋教仁、黄兴或者谭人凤作为起义指挥，主持大事的决定。

1911年9月24日，这2个革命团体共同召开了联席会议，将发动起义的具体时间定了下来，为10月6日，各标营党人代表也都参加了此次会议。在会上，通过了"人事草案"与"起义计划"，推选蒋翊武作为军事总指挥，孙武作为参谋长，刘公作为总理。

同一天，南湖炮队党人的暴动还没有取得什么成果。炮队事件发生以后，清王朝湖北当局颁发命令，将新军部队的子弹收缴起来，同时使市面的军警力量大大增强，并且进行非常严格的盘查。当局将官长们都召集起来开会，经商讨决定中秋节不放假，军队提前欢度中秋节。

1911年9月28日，湖南党人焦达峰通过书信告诉武昌起义指挥部，如果在10月6日发动起义，那么湖南的准备工作肯定还不充分，请求向后延迟10天。而且，同盟会至关重要的领导人宋教仁、黄兴等还没有赶到武汉。因此，起义指挥部最终决定于10月16日湖南省与湖北省在同一时间发难。

1911 年 10 月 9 日，孙武等人在汉口俄国租界进行炸弹配制的时候，不小心引发了爆炸。俄国的巡捕听到声音赶来，将革命党人名册、起义文告以及旗帜等全部搜走了，因而，起义的秘密泄露了出去。并且，还将刘同等 6 人逮捕了，随后将其移交给湖北当局。

担任湖广总督之职的瑞澂颁下命令将 4 个城的城门关闭，到处对革命党人进行搜查、逮捕。在如此危急的形势下，革命党马上决定在 10 月 9 日晚上 12 点发动起义。可是，武昌城内的警戒防备非常森严，各标营革命党人也没有办法获得联络，因而当天晚上的计划泡汤了。

新军中的革命党人自己进行联络，并且约定在 1911 年 10 月 10 日晚上用枪声作为信号发动起义。

1911 年 10 月 10 日晚上，新军工程第 8 营的革命党人将武昌起义的第一枪打响了，对位于中和门附近的楚望台军械所发起进攻，并且成功地占领，大家推选吴兆麟做了临时总指挥。他们缴获了好几万支步枪，好几十门大炮，好几十万发子弹，为起义的成功奠定了非常坚实的基础。这个时候，在武昌城外驻守的炮兵营、辎重队以及工程队的革命党人也都用举火作为信号，发起了起义，并且朝着楚望台集合。在武昌城中的 29 标的蔡济民与 30 标的吴醒汉也带着一些起义士兵从营门冲了出去，迅速地奔向楚望台。随后，在武昌城内外的各标营的革命党人也都纷纷地带领部众发动起义，并且赶往楚望台。参加武昌起义的人数居然达到了 3000 多人。

1911 年 10 月 10 日晚上 10 点 30 分，起义军分成了 3 路向总督署与旁边的第 8 镇司令部发起了猛烈的进攻。并且命令已经进城的 8 标在中和门以及蛇山占领发射阵地，疯狂地轰炸督署。

刚开始的时候，起义军的指挥并不是特别给力，再加上兵力也不是很多，所以，他们的进攻都被挫败了。在当天晚上 12 点以后，起义军再一次发动了进攻，并且从敌人的防线突破了，在督署周围进行放火，用火光作为标志，蛇山和中和门周围的炮兵开始轰炸有光的地方。湖广总督瑞澂将督署的后墙打破之后，乘坐着船从长江上逃跑了，第 8 镇统制张彪依然坚守在司令部进行顽强地抵抗。起义军在反复地攻击之后，终于在天亮之前将督署与镇司令部占领了。张彪从武昌地区退了出去，起义军将整个武昌地区掌控在了自己的手中。

1911 年 10 月 10 日深夜的时候，当时正进修于保定军咨府军官学校的辛亥革命元老同盟会嘉应州主盟人——何子渊的弟弟何贯中（也是同盟会员），在第一时间知道了起义爆发的情况，他马上组织同寝室的李济深等舍友，悄悄地从学校出来了，来到了清朝军队南下的唯一大动脉——漕河铁桥，并且成功地将其炸毁了。漕河铁桥被炸毁之后，就使清朝军队南下对起义运动进行镇压的行程被耽误了，这不但在很大程度上对湖北武昌起义军下面的军事行动进行了支援，而且更重要的是，这也为革命党人于全国范围内倡议起兵赢得了充足的时间。

汉阳、汉口的革命党人一听到消息，立即起来响应，分别在 1911 年 10 月 11 日晚上、1911 年 10 月 12 日将汉阳与汉口光复了。起义军将武汉 3 镇掌控之后，成立了湖北军政府，推选黎元洪担任都督，将国号改为中华民国，并且大力号召各个省份的人民军中发动起义进行响应。

## 局势分析

武昌起义的胜利引起了巨大的影响，总结起来主要包括以下 3 个方面：

第一，对革命进行引导

革命军攻下了总督府，成功地占据了武昌地区，将清朝军队很大一批有生力量消灭，在中国的腹地撬开了一个缺口，成为了对大清王朝发起总攻击的一个突破口，并且在全国范围内点燃了拥有燎原之势的熊熊大火。

在武昌起义取得胜利以后的 2 个月内，湖南省、广东省等 15 个省全都陆续从大清政府脱离出来，宣布独立。1912 年 1 月 1 日，在中国南京地区，中华民国临时政府正式成立，因为大家的推选，孙中山坐上了临时大总统之位。1912 年 2 月 12 日，清朝皇帝溥仪宣布退位，大清王朝灭亡，由此，200 多年清王朝封建统治以及中国 2000 多年封建帝制结束了。

第二，初次创立法治

由于武昌起义的发生而使中国历史上首部具备近代意义的宪法草案——《鄂州约法》诞生了。1911 年 11 月初，宋教仁、刘公、居正、孙武以及张知本等人通过商量得出一个想法：只有政府组织法还远远不够，还需要拥有一

个根本法类型的法规。大家推荐由宋教仁负责起草事宜。宋教仁在早年的时候十分喜欢对法律进行研习，曾经前往日本东京的法政大学对各个国家的宪法以及政治制度进行过研究，非常赞赏西方的三权分立制度。

宋教仁为鄂军政府初步拟定的《中华民国鄂州临时约法》（简称《鄂州约法》），就属于一个三权分立的法律，该法律一共包括 7 章 60 条，规定"鄂州政府以都督及其任命之政务委员与议会、法司构成之"。"都督及其任命之政务委员"行使行政权，"议会"拥有立法权，"法司"拥有司法权。

《鄂州约法》非常明确地划分了这 3 个方面的职权。它是中国历史上首次使用三权分立原则的政权根本法。它第一次正式规定人民根据法律具有民主权利，具有"自由保有财产"等权利。获得了政权的中国资产阶级在此利用法律的形式宣告自己的胜利，并且对已经取得的成果加以维护。

第三，打开了共和的局面

武昌起义成功地将共和国诞生的号角吹响了。由于武昌起义而建立起来的湖北军政府，成为了共和政权的雏型，并且促使各个省份纷纷进行相应。在不到 2 个月的时间内，中华民国诞生了，以孙中山作为首领的南京临时政府成立了，使辛亥革命取得了巨大的胜利。

如果从狭义上来说，武昌起义就是辛亥革命；如果从广义上来看，武昌起义是组成辛亥革命的重要部分。作为民主性的革命，辛亥革命成功地将大清王朝后期腐败不堪的统治推翻了，打开了民主共和新纪元，促使共和观念逐渐地深入社会中上层人士的心中。对于中国的现代化进程来说，武昌起义前后的系列事件有着非常大的影响。

## 说点局外事

1911 年 10 月 10 日，武昌起义的爆发使得清政府彻底地震惊了，随后，清政府也快速地作出了反应。1911 年 10 月 12 日，清政府将瑞澄的职务撤销，并且给了他一个戴罪立功的机会，让他暂时代理湖广总督的职务；使永平，也就是今天的河北卢龙县的秋操停止，命令陆军大臣——荫昌快速地赶往湖北地区，湖北的所有军队以及前来进行支援的军队都归他管理；命令海军提督萨镇冰带着海军与长江水师，快速地赶往武汉地区的江面。10 月 14 日，清政府出动的各路人马迅速地向汉口附近进行集结。

在这种形势下，1911 年 10 月 15 日，湖北军政府通过慎重考虑决定首先对汉口的敌军进行扫荡，然后再向北进行推进，以便阻止清朝军队的南下。从 10 月 18 日在汉口对战，到 1911 年 11 月 27 日汉阳被攻克，前后总共对战了 41 天，历史上称为"阳夏战争"或者"阳夏保卫战"。

在辛亥革命期间，这耗时 1 个半月的阳夏战争是最大规模的战役。在这 41 天当中，中国有很多省市获得了独立，比如，湖南、陕西、云南、江西、山西、浙江、安徽、贵州、江苏、广西、福建、广东、四川等。在关内 18 个省份中只有甘肃、直隶、河南以及山东这 4 个省还对清朝表示效忠。

尽管革命军最终还是失利了，但这次战役依旧产生了非常深远，并且也十分重要的影响。它不但有效地对首义之区与首个革命政权进行了保护，而且也为各个省份树立一个勇敢抵抗敌军的楷模。它使清军的残暴与虚弱充分地暴露在了人们的面前，致使大清王朝的反动统治陷入了更加孤立，甚至是瓦解的处境中。它将清军大多数主力部队吸引了过来，导致清政府没有能力再有效地对其他各个省份的起义进行控制与镇压，从而大大地促进了革命军与革命力量的快速发展。

# 汪精卫当选主席

在很多人的印象中，汪精卫就是一个反面人物，就是一个出卖国家的贼人。的确，他曾经为日本人做事，创建了汪伪政权，但是他也曾经通过选举当选了国民政府的主席。那么，你知道他当选的主席的具体过程吗？

孙中山逝世之后，广东革命政府开始进行改组。国民党中央政治委员会于 1925 年 6 月 14 日召开了第十四次会议，该会议接受了苏俄顾问鲍罗廷提出来的建议，最终决定对大元帅大本营进行改组，使其成为国民政府。

6 月 15 日，国民党中央执行委员会召开了全体会议，就组建国民政府等事情的安排与处理，通过讨论之后做出了各项议案，其内容主要包括以下几个方面：

第一，将中国国民党中央执行委员会作为最高机关；

第二，对大元帅府进行改组，使之成为国民政府；

第三，将建国军及党军改称为"国民革命军"；

第四，对军政与财政进行整顿。

6月24日，胡汉民利用大本营总参议代行大元帅职权的名义，对外发表了一份名为《接受中国国民党中央执行委员会关于政府改组决议案》的通电。

7月1日，国民政府在中国广州地区正式宣布成立，并且颁发了《国民政府组织法》，该法的第一条就作出了这样的规定：国民政府接受中国国民党的指导与监督，掌握并管理全国的政务，很好地将孙中山"以党治国"的原则体现了出来。国民政府使用委员制，包括16个委员与5个常务委员，其中，16个委员分别为：汪精卫、张人杰、胡汉民、古应芬、许崇智、谭延闿、张继、林森、廖仲恺、徐谦、戴季陶、于右任、朱培德、孙科、伍朝枢以及程潜；而5个常务委员分别为：汪精卫、谭延闿、胡汉民、许崇智与林森。而且，通过选举，汪精卫最终当选为国民政府的主席。

对于汪精卫出任国民政府的主席，而不是胡汉民担任国民政府主席，一时之间令人们感到十分意外，这到底是因为什么呢？这还需要从孙中山先生离开中国广州地区启程北上，胡汉民与汪精卫的政治性格以及那个时候的政局当中去探寻正确的答案。

1924年10月，汪精卫跟着孙中山先生一起北上。胡汉民在中国广州地区留守，代行大元帅的职权。1925年3月12日，孙中山因为疾病逝世于北京。从理论上来说，胡汉民这个时候从代行大元帅到正式担任国民政府主席之职，似乎应该是一件顺理成章的事情。然而，政治舞台背后的运作却并不是这样的。

因为孙中山去世的时候汪精卫一直在身边跟随侍奉，使其得以成为了孙中山遗嘱的起草人，这不免让他在心态上经常以孙中山的继承人自居。那个时候，国民党贯彻实行孙中山所提出来的联俄政策，所以，苏俄此时的态度就成为了决定孙中山继承人的一个相当重要的因素。早在孙中山病情十分严重，随时具有生命危险的时候，苏俄驻华公使与鲍罗廷等人就已经开始寻求国民党未来的领袖，他们最开始的时候拟定了3个人选，分别为：胡汉民、汪精卫与戴季陶。由于汪精卫在他们面前十分殷勤，所以他们经过慎重的考虑，最后选中了汪精卫。

5月初，汪精卫将孙中山的丧事处理完之后，马上返回广东，可是他并没有直接回到广州，而是先前往潮汕地区见了担任粤军总司令之职的许崇智与担任参谋长之职的蒋介石。这个时候的蒋介石带着黄埔学生军已经实现了第一次东征，手中掌握着军权，在党内所占据的地位也已经不是过去能够相比的了。而许崇智则与胡汉民长时间不和，汪精卫此行的目的就是为了争取得到这两个人的认可与支持。

除此之外，廖仲恺对于汪精卫的认可与支持也是相当重要的。那个时候，廖仲恺在党内也占据着很高的地位，仅仅次于胡汉民与汪精卫。由于胡汉民这个人做人处事比较刻薄，不好相处，因此，不少人都对他不满意，其中就包括廖仲恺。汪精卫抵达潮汕地区以后没几天，廖仲恺也急急匆匆地赶到潮汕地区，与汪精卫、蒋介石以及许崇智等人相见商量要事。廖仲恺此行的另外一个目的就是为了转达已经从中国北京回到广州地区的鲍罗廷所持有的意见。之后，汪精卫与廖仲恺一同返回了广州地区。

在此之后，在对国民政府主席人选进行讨论的时候，许崇智第一个站出来提议汪精卫，而蒋介石与廖仲恺积极主动地对此表示支持。如此一来，汪精卫就顺顺利利地当选为国民政府的主席。

在对国民政府主席进行选举的过程中，还发生了一个很有意思的小插曲：那个时候，出席会议的总共有11个人，使用无记名投票的方式进行选举。汪精卫由于对自己能不能当选为国民政府的主席缺乏信心，因此，就自己投了自己1票。结果，汪精卫最终得到了11票，选票公布于众以后，大家都知道了汪精卫自己投了自己1票的行为，这让汪本人感到非常尴尬，当场变得面红耳赤起来。

以汪精卫作为主席的国民政府，下面设置有外交部、军事部、财政部与秘书处，这3个部分的部长分别为胡汉民、许崇智与廖仲恺，同时聘请鲍罗廷担任国民政府高等顾问。除此之外，国民政府还设置有大理院、监察院以及惩吏院。尽管国民政府初期还没有形成比较完备的五权制度，但是已经具有五权分治的雏形了。

## 局势分析

在孙中山逝世之后，汪精卫的领袖欲望迅速地膨胀起来，在经过审时度势之后，就开始为自己竞选国民政府主席进行各种准备活动。

第一，在政治上，汪精卫急剧左转，不管什么事情，都开始积极地请示鲍罗廷，在所有场合都做出一副坚决贯彻孙中山3大政策的样子。

第二，汪精卫亲自前往潮汕地区，拜访当时军方重量级人物许崇智，将其拉拢到了自己的阵营，为其当选抓住了非常关键的一票。

另外，在正式投票选举的时候，汪精卫甚至还自己投了自己一票。尽管这一票并非他当选主席的主要因素，但是这却可以显示出向来自命清高的汪精卫在当时急于上台的迫切之情。

相较于汪精卫，胡汉民就显得非常书生气了，在当时那种的形式下，胡汉民也有顺应时势的发展，担任国民党领袖的野心，但是，他不想为此而费尽心机地区耍手段，只想着让别人捧着他，让自己成为一个众望所归的领袖。他以这种君子之风参加最高权力的争夺，而且在政治立场上，他还表现得十分不识时务，因此，最终败下阵来，也是一件很正常的事情。

## 说点局外事

1924年年初，在国民党进行改组的前后，中国广西地区已经形成了三足鼎立的局面，这"三足"分别为陆荣廷、沈鸿英和李黄（绍竑）。就他们的兵力来说，最强的是陆荣廷，其次为沈鸿英，最弱的是李（宗仁）、黄（绍竑）。对于这个局面，李宗仁与黄绍竑通过认真的思考与讨论，制定出来将广西统一的策略，也就是先陆荣廷后沈鸿英，逐个进行击破。1924年夏天，李宗仁与黄绍竑利用陆荣廷与沈鸿英在桂林交战进行对峙的时机，乘虚对陆荣廷的后方进行了袭击，将省会南宁占领，使全省政治中心掌控在自己的手中，并且组建了"定桂讨贼联军总指挥部"，李宗仁作为总指挥，黄绍竑作为副总指挥，白崇禧作为参谋长兼前敌总指挥。他们先与沈鸿英进行联络，在柳州一带将陆荣廷的主力部队打得落花流水。同年9月，陆荣廷在万般不得已的情况对外宣布下野，广西大多数地区被纳入了李宗仁、黄绍竑的势力范围中。

广东革命政府看到李宗仁、黄绍竑等人有可能将广西地区统一，就想要将他们拉入革命政府旗下。1924 年 11 月，胡汉民与许崇智通过电报向黄绍竑发出邀请，使其前来广州地区进行商洽，决定授予李宗仁为广西全省绥靖督办兼广西陆军第一军军长的职务，授予黄绍竑为会办兼第二军军长的职务。12 月 1 日，李宗仁、黄绍竑宣誓正式到任，忠心信奉革命政府。在此之后，在广东革命政府的帮助之下，他们顺利地将沈鸿英所部消灭了，并且将尝试着想要侵桂的滇军唐继尧部击败，统一了广西地区。

1926 年 1 月，中国国民党第二次全国代表大会召开，李宗仁与黄绍竑被推选为国民党候补中央监察委员。1 月 26 日，国民政府主席汪精卫等人来到梧州地区与李宗仁、黄绍竑相见，就两广统一具体事情的安排与处理方法进行商讨。广西军队整编为国民革命军第 7 军，李宗仁、黄绍竑以及白崇禧分别被授予第 7 军军长、党代表与参谋长的职务，所有的官兵集体参加了国民党。同年 6 月，国民政府授予黄绍竑为广西省政府主席之职，到这个时候，广西省政府正式受到国民政府的管辖。

两广的统一，促使革命根据地得到了进一步的扩大与巩固，后来北伐战争能够顺顺利利地推进，与此有着非常密切的关系。

# 九一八事变

对于每一个中国来说，1931 年 9 月 18 日是一个非常特殊的日子，因为就是在这一天晚上，日本人制造了历史上非常著名的九一八事变。他们故意将沈阳一代的南满铁路的部分路轨炸毁，然后诬陷说是中国军队做的，并且以此作为借口向中国发起了规模巨大的武装侵略。这些日本侵略者为什么要发动九一八事变？他们又是怎样进行谋划的呢？

其实，九一八事变的爆发并非偶然的。早在日本发生明治维新以后，日本就制定出了旨在将朝鲜吞并，将中国东北地区侵占，进而将中国政府，在亚洲与全世界称霸的"大陆政策"。第一次世界大战爆发以前，日本的"大陆政策"就已经步入了实施的关键阶段。1905 年，日本侵占了中国的关东州和南满洲铁路；1914 年，日本侵占了中国山东半岛；1915 年，日本提出了不公平的"二十一条"。

在 20 世纪 20 年代，由于"华盛顿体系"对日本的制约，日本在实施"大陆政策"的时候才以经济扩张作为主要部分。1929 年，世界经济危机的爆发使得日本的"大陆政策"再一次复苏，日本政府开始更加积极主动地施行向外扩张，使用武力掠夺新殖民地的政策。其具体的目标与步骤就是先使用武力将中国的东北地区占领，然后再侵略整个中国。

为了将中国东北地区占领，日本政府先故意制造一些舆论，使得武装侵略的狂热情绪得到了充分地煽动。1931 年初，前"满铁"副总裁——松冈洋右明目张胆地对外宣称："满蒙为日本帝国的生命线，与日本帝国的生死存亡密切相关。"3 月，板垣征四郎在日本军校演讲的过程中，这样说道："满蒙为日本帝国国防的第一线，单纯地使用外交的和平手段是不能很好地将满蒙问题解决的。"5 月，担任关东军司令官之职的菱刈隆也对外宣称："彻底解决满蒙问题，是使崇高使命得以完成的第一步。"这个时候，日本国内也开始疯狂地进行整军备战的活动。

同时，日本加快了对中国东北地区进行侵略的军事部署与军事活动的脚步。早在 1929 年，日本军人就借着"旅行"的名义秘密地侦察中国东北地区，并且制定了对中国东北地区进行侵略的具体方案。1931 年春天，日本关东军司令部制定出了《处理满蒙问题方案》，并且强调在特殊情况下，关东军可以自己决定将满蒙占领，将张学良的政府颠覆。从 4 月到 9 月这段时间，日本军部又进行了一系列的军事部署，比如，换防、人事调动以及军事演习等。而且，在这期间，日本还谋划了"万宝山事件"，想要趁着这个机会寻找"从根本上将满蒙问题解决的方案"。随后发生的"中村事件"，又给了日本帝国主义对中国东北地区进行侵略的"最佳时机"。

日本的某些军事将领还非常露骨地对外宣扬："中村事件为日本帝国向附属地之外的地方用兵的好时机，是在柳条湖使用武力的先行事件。"到这个时候，日本帝国主义已经完成了对中国东北地区进行侵略的准备工作，而九一八事变只不过是他们发起侵略的一个步骤罢了。

日本关东军选中了柳条湖为闹事的地点，因为这个地方距离中国东北军驻地北大营仅仅只有数百米的路程，对于栽赃诬陷中国驻军是非常有利的。

实际上，9月18日事变发生的那一天晚上，南满铁路仅仅是被炸断了一小部分路轨，炸坏了两根枕木，当天晚上从那里驶过的列车也如期抵达目的地。然而，板垣却依然命令各个部队按照原计划行动。当天晚上10点半左右，日本军队从西、南与北三个方向将东北军驻地北大营包围，并且发起进攻。东北军驻地北大营第7旅王以哲部不得不进行还击，与日本军队展开了激烈了巷战，在持续战斗3个小时，损伤了300多人以后从日军的包围圈中冲了出来。9月19日凌晨5点半左右，东北军驻地北大营落入了日军的手中。

在此期间，日本军队兵分三路向沈阳发起进攻，6点30分左右，日本的国旗插上了沈阳城头，沈阳被日本军队拿下了。日本军队将沈阳占领以后，在城内到处进行劫掠，非常残忍地杀害那些手无寸铁的平民百姓，奉系军阀辛辛苦苦经营的花费了巨资的军工企业与军工产品也都落入了敌军的手中。

从九一八事变发生以后到哈尔滨落入敌军手中，在4个月零18天的时间中，中国东北三省全部沦为日本帝国主义的殖民地，东北地区3000万人民生活在日本殖民者的压迫下。从此之后，中国人民将"九一八"视为国耻纪念日。

九一八事变的爆发与东北三省的沦陷固然是日军处心积虑的阴谋带来的恶果，但是南京国民政府与地方政府的不作为也与有着很大的关系。在九一八事变发生以前，由蒋介石控制的南京政府一而再再而三地命令中国东北当局对于日本军队的各种挑衅不准抵抗，导致东北军政当局没有做好严密戒备日本军队的工作。东北地区的行政首领张学良，在事变发生以前带领东北边防军主力在平、津、河北地区驻守。黑龙江的军政长官——万福麟那个时候也在北平驻守，吉林的军政长官——张作相在事变发生时正在锦州为死去的父亲守孝，而留在任上的东北边防军参谋长则正在为他的父亲庆祝大寿。这所有的一切都给了日军可乘之机。

## 局势分析

九一八事件发生以后，中国与日本之间的冲突与矛盾进一步激化了，而在日本国内，主张战争的日本军部的地位得到了很大地提升，致使日本开始全面侵略中国民族，从而拉开了日本对于中国，继而对于亚洲以及太平洋地区进行全面武装侵略的序幕。

九一八事变将全国人民抗击日军的怒潮激发了起来。全国各地的人民纷纷提出抗击日本侵略者，反对国民党政府的不抵抗主义的要求。在中国共产党的领导与影响之下，中国东北地区的人民愤然站起来进行抵抗，开始大力施行抗日游击战争，并且相继出现了东北义勇军与各种抗击日军的武装力量。这对于抗日战争的最终胜利有着很大的影响。

## 说点局外事

所谓"蒋介石的不抵抗政策"，主要指的是九一八事变发生以后，在蒋介石控制下的国民政府所采用的消极的抗日政策。

在九一八事变爆发之前，日本关东军就已经开始频繁地在中国东北地区闹事，肆意举行各类军事演习，其侵略中国东北地区的意图已经十分明显了。但是，蒋介石却主张"攘外必先安内"，根本不理会日军的挑衅与侵略行为，并且公开地宣称中国最大的祸患为"赤祸"，应当全力对工农红军进行围剿。

1931年4月，日本军队制造"万宝山事件"，旨在为发动侵华战争进行准备。张学良曾经请求蒋介石如何处置，蒋介石向张学良致电，声称排日运动可能会被共产党利用，提倡对待日军要"隐忍自重"，尽可能地避免冲突的发生。1931年6月，"中村事件"爆发以后，蒋介石再一次向张学良致电，表示"从此以后，不管日军怎样在东北地区闹事，我方应予不抵抗，力避冲突"。

九一八事变爆发以后，蒋介石依旧推行不抵抗政策。面对这一政策，张学良只能命令东北各个军队，对于日军不予抵抗，导致日军只用了短短一天的时间就将沈阳占领了。那个时候，在东北地区驻守的正规军有14万多人（后来又调来了12万多人），而日本关东军仅仅只有1万多人（后来增至4～5万人），由此可见，中日军队力量十分悬殊。但是，中国军队在有着如此优势兵力的条件下，不仅丢了沈阳，在此后 4 个多月的时间中将东北全境也丢了，其最关键的原因就是蒋介石奉行的不抵抗政策。

蒋介石的不抵抗政策使得东北全境直接落入了日军之手，使得东北地区变成了日本军队全面侵华的重要基地，也使得中国人民饱受数年战祸的蹂躏。

# 张学良"兵谏"蒋介石

日本为了更大规模地侵略中国，非常无耻地制造了九一八事变，随后，中国的大片领土陆陆续续地落入了日本侵略者的手中，中国的民族危机逐渐地变得严重起来。可是，蒋介石却没有带领全国军民进行抵抗，仍然执行所谓的"攘外必先安内"的方针，将大部分的精力放在了对中国共产党领导下的工农红军进行"围剿"，而对于日本的侵略行为则一而再再而三地妥协与退让。于是，全国上下号召"停止内战，一致抗日"的呼声逐渐地高涨起来。

1935 年 9 月，蒋介石任命张学良为西北"剿总"副司令，让其带领 10 万东北军部属对陕北的红军进行"围剿"，结果受到了非常严重的损伤。受够了国破家亡之苦的东北军官兵们对内战的厌倦情绪一天天加重，都盼望可以打回自己老家去将失地收复。杨虎城在 1930 年以后担任第 17 路军的总指挥与西安绥靖公署主任之职，并且一度兼任陕西省政府主席的职务。1935 年，杨虎城接到命令对红军北上进行阻击，结果被红军打败了。张学良与杨虎城的部队在"剿共"的战场上损伤惨重，蒋介石不仅没有对其加以抚恤，反而趁着这个机会将他们的力量削弱了。如此残酷的现实让张学良与杨虎城深深地体会到：红军是不能剿灭的，将抗日的希望寄托在蒋介石身上是无法实现的，只有与共军联合起来才是唯一的出路。中共中央在对东北军与第 17 路军的处境与现状进行了解之后，确定了争取两军携手合作抗日的目标。

在多方面的努力之下，张学良与杨虎城彻底接受了中共提出的"停止内战，一致抗日"的建议，并且商量决定和红军各自守着自己原本的防线，相互之间不侵犯；相互派遣代表，密切地进行联系。同时，中共中央还在陕北前线的东北军与第 17 路军的官兵中极力地宣传"停止内战，一致抗日"的主张。到了 1936 年后半年，双方不仅不再打仗，而且双方的士兵也开始经常进

行友好的交往。而东北军与第 17 路军间的相处也变得越发融洽起来。就这样，在相互信任、精诚合作的前提下，基本形成了红军、东北军以及第 17 路军联合抗日的民族统一战线。

蒋介石对张学良、杨虎城"剿共"没有取得重大成果非常不满，所以就在将两广事变平息后，于 10 月 22 日达到西安进行督战。蒋介石原本认为只要自己出马，张学良与杨虎城肯定会跟着他继续"剿共"，然而，令人意外的是，张学良与杨虎城却极力劝导他"停止内战，一致抗日"。眼看着驱使张学良与杨虎城"剿共"已经成了不可能的事情，蒋介石又从西安来到了洛阳，调遣兵将，在郑州一线征集了 10 万大军，让 20 多位军政大将在西安聚集待命，并且颁下命令对西安、兰州机场以及地面设施进行扩充，同时让蒋鼎文出任西北"剿总"前敌总司令，让卫立煌出任陕甘绥宁边区总指挥。蒋介石如此进行部署很显然不但是为了继续"剿共"，而且也是想彻底地将张学良与杨虎城的问题解决。

蒋介石在进行了周密的布置与准备以后，于 12 月 4 日再一次来到了西安。他给了张学良与杨虎城两条路：第一，东北军与第 17 路军全都前往陕甘前线进行"剿共"；第二，把东北军与第 17 路军分别调到福建地区与安徽地区，由中央军来完成陕、甘两个省的"剿共"任务。不过，张学良与杨虎城决心不仅不"剿共"，而且也不进行调防。他们悄悄地商量应对之策，先劝谏蒋介石"停止内战，一致抗日"；倘若劝谏失败了，那么就实施"兵谏"，也就是想办法将蒋介石抓起来，逼着蒋介石抗日。

12 月 7 日，张学良亲自见到蒋介石，深切地陈述东北沦陷、华北危机等各种日本帝国主义侵华的事实，劝导蒋介石"停止内战，一致抗日"，结果失败了，还遭到了蒋介石的严厉训斥。随后，杨虎城又来到蒋介石面前劝说，最终也以失败告终。

12 月 9 日，西安学生在纪念一二·九运动 1 周年的时候，来到临潼直接向蒋介石进行请愿，强烈地要求"停止内战，一致抗日"，但蒋介石非但没有接受，反而下令对请愿的学生进行镇压。为了不让流血的事件发生，张学良用一个星期内用事实答复大家的承诺将请愿的学生们劝退了。

12 月 10 日与 12 月 11 日，张学良与杨虎城对蒋介石进行了最后的劝谏，然而结果依然是令人失望的。最后，张学良与杨虎城不得不痛下决心：实施"兵谏"，逼着蒋介石抗日。

张学良与杨虎城商量决定，由东北军负责前往临潼生擒蒋介石，第17路军负责将在西安城中待命的军政要员拘禁起来。12月11日夜晚，张学良与杨虎城将在西安的两军将领召集起来，宣布了"兵谏"计划，由张学良与杨虎城共同坐镇杨虎城公馆进行指挥。

12月12日凌晨5点左右，东北军将领孙铭九带领东北军卫队营一个连的将士，冲入了清华池，与守卫兵士发生了激烈的对战。枪声将正在睡梦中的蒋介石惊醒了，他赶紧披着睡衣非常狼狈地出逃了。孙铭九带着士兵们冲到蒋介石的卧室以后，发现蒋介石已经不在了，但是被褥却还有余温，断定蒋介石肯定还没有走远，于是，就马上命令士兵进行搜山，最终在骊山乱草丛当中找到了蒋介石，并且马上把蒋介石送到了西安新城大楼。同时，第17路军也完成了将20多名军政要员拘禁在西京招待所的任务。到这里，张学良与杨虎城的"兵谏"计划顺利地实现了。这就是著名的"西安事变"，又被称为"双十二事变"。

## 局势分析

西安事变发生以后，在国内外引发了很大的反响。各个势力站在维护自身利益的角度对此事发表了看法与意见。在国民党内部，以何应钦作为代表的亲日派提倡对西安进行轰炸，征讨张学良与杨虎城；以宋子文与宋美龄作为代表的亲英美派提倡利用和平的手段解决此事。中共中央站从抗日大局出发，坚决主张利用和平的方法将西安事变解决。周恩来为张学良与杨虎城详细地分析了那个时候的国内外形势，并且明确地指出了"逼蒋抗日"的可能性，最后张学良与杨虎城接受了利用和平方法解决西安事变的建议。

12月23日，宋子文与宋美龄代表蒋介石、周恩来代表中共与张学良、杨虎城进行了2天的谈判，最终达成了6项协议，也就是：对国民政府进行改组，包容接纳抗日分子；将上海爱国领袖以及所有政治犯释放；将"剿共"政策停止，与红军联合起来抗日；召集各党各派各界各军的救国会议，决定抗日救亡方针；改变外交政策与方针，与同情中国抗日的国家建立合作的关

系；其他的救国方案。西安事变最终和平解决了。

西安事变的和平解决，成为了时局转换的一个相当重要枢纽。从此之后，内战基本上终结了，为国共两党重新进行合作创建了十分必要的前提，为了抗日民族统一战线的创建以及为抗战最终胜利奠定了非常坚实的基础。不过，张学良与杨虎城这两位有功之臣却遭到了蒋介石的报复。张学良始终被辗转幽禁，直到蒋经国去世以后才慢慢地获得自由；而杨虎城在 1947 年就被蒋介石杀害了。

## 说点局外事

早在西安事变发生之前，蒋介石很不满张学良与杨虎城的"剿共不力"。1936 年 8 月，蒋介石通过电报命令西安的国民党特务将好几名在东北军中工作的中共地下党员逮捕，想要掌控张学良与杨虎城联共抗日的活动。8 月 29日，国民党特务在西安的西北饭店逮捕了在张学良身边工作的北平学联代表，同时也是中共地下党员宋黎。国民党特务在押送宋黎前往省党部的路上，被杨虎城的第 17 路军宪兵巡逻队截住了，并且将此事告诉了张学良。张学良得知之后极其愤怒，马上派人将宋黎接了回来，并且在当天晚上派兵将省党部包围，将特务档案查抄了，缴获了对东北军进行诬告的密电以及东北军参与抗日活动的 300 多人的名单。29 日按照韵目代日为"艳"字，事情发生在这天的晚上，因此，这一事件被叫作"艳晚事件"。

事件爆发后的第二天，张学良向蒋介石致电，承认自己行事比较鲁莽，请求给予处分。尽管蒋介石十分生气，但是由于忙着对两广事变进行处理，不得不暂时隐忍下来，没有发火。不过，张学良与杨虎城也深深地认识到，这件事情还没有真正地结束。因为既然蒋介石已经有了关于他们联合共党抗日的口实，那么就绝对不会轻易地放过他们。他们联合共党抗日的政策和蒋介石提倡的反共方针是不能调和的，他们与蒋介石之间的裂痕一定会进一步加深，这就为西安事变的埋下了伏笔。因此，"艳晚事件"可以算得上是西安事变的前奏。

# 汪精卫被刺

在上文已经简单地提过，汪精卫曾经为日本人做事，成立了汪伪政权。那么，对于这样一个出卖国家与人民利益的人，自然会遭到国民的厌恶与唾弃。于是，一次又一次地刺杀行动出现了。

汪精卫，原本的名字叫作汪兆铭，字季新，笔名为精卫。不过，现在，人们已经习惯性地将其称为汪精卫。在早年期间，汪精卫也曾经是一个热血男儿，是一个激进的革命者。在20世纪初期，汪精卫曾经前往日本进行留学，参加了同盟会的组建，主持编辑了《民报》，拥有先进的思想，不会墨守成规。他从革命党人的立场出发，坚决地对改良派进行抨击，大力主张将清政府推翻。为此，他曾经参加了对清朝摄政王载沣进行刺杀的活动，但是由于事情败露而进入监狱，并且被判终身监禁。后来，因为1911年10月辛亥革命的爆发，汪精卫被释放了出来。不过，即便是身处困境，汪精卫也没有低过头，甚至写了十分慷慨的诗句："慷慨歌燕市，从容作楚囚；引刀成一快，不负少年头"。或许正是由于汪精卫这超乎常人的胆识以及出众的文采，孙中山对其十分赏识，使其成为了自己得力的助手。

然而，随着年龄的不断增长，汪精卫年轻时候的英勇与胆识似乎慢慢地消磨殆尽了。他的各种叛逆行为，逐渐地令广大的民众感到不满。国内有些对汪精卫比较憎恶的人，开始策划着要将汪精卫杀掉以便达到泄恨的目的。1935年11月1日，国民党在南京举办四届六中全会。在此期间，有一个名字叫孙凤鸣的刺客趁着混乱的时机进入了会场，并且朝着汪精卫连续开了3枪，其中，有一颗子弹是从汪精卫的背后直接射进去的，打到了他的脊椎骨中。因为抢救得十分及时，汪精卫死里逃生，但是射到汪精卫脊椎的那颗子弹却没有被取出来，而是永远地留在了他的体内。但是，这次的刺杀仅仅是一个开始，从此以后，就好像受了诅咒一样，汪精卫接连不断地遭遇暗杀。

抗日战争全面爆发以后，汪精卫看到日本的国力十分强大，日本军队气焰嚣张，气势汹汹，因此，始终保持消极的态度，提倡亲日求和。随着抗日战争初期日本军队节节胜利，汪精卫的这种态度慢慢地凸显出来了。武汉沦陷以后，汪精卫的悲观情绪上升到了顶峰。他深深地感到绝望，然后不顾一

切地投靠了日本侵略者。对于汪精卫这种投敌叛国的行为，国民们都非常痛恨，于是，各种暗杀便也接连不断地来。

1938 年 12 月，已经投靠敌人背叛国家的汪精卫带着自己的家眷前往河内，暗杀他的刺客也跟到了河内。1939 年 3 月 20 日夜晚，刺客悄悄地进入了汪精卫在河内的家，在黑夜的掩护之下，顺利地潜进了汪精卫的卧室，开枪将其杀死之后，迅速地从现场逃走了。然而，出人意料的是，那个房间根本就不是汪精卫的卧室，而被刺客杀死的人也并非汪精卫本人，而是其秘书曾仲鸣。在这次的刺杀行动中，曾仲鸣做了汪精卫的替死鬼。

在 1939 年底，汪精卫第 3 次被刺客暗杀。当时担任国民政府军事委员会少将参议之职的戴星炳对于汪精卫背叛国家的行为十分不满，于是费了九牛二虎之力进入了南京汪伪政府的内部，潜伏在他的身边，并且寻找机会对其进行暗杀。可是，因为戴星炳过于心急，他刻意对汪精卫起居作息时间进行打探的行为，引发了汪精卫心腹的警惕，并且被秘密地监视起来。在此之后没有多长时间，戴星炳的妻子不小心露出了马脚，戴星炳的真正身份也随之暴露了。汪精卫暴怒，命人枪毙了戴星炳夫妇，再一次侥幸地逃过了一劫。

第 4 次试图对汪精卫进行暗杀刺客的名字叫作陈定达。他原本是一位商人，可是对于汪精卫卖国求荣的行为十分不齿与痛恨，于是，将自己的家财散尽来寻找对汪精卫进行刺杀的线索。有一天，他与一名在汪伪政府任职的白俄人相遇，而此人又正好曾经做过汪精卫的保镖。于是，陈定达开始给这个白俄人讲道理，用感情来打动他的心，甚至许诺给大量的金钱，让他对汪精卫进行刺杀。令人没有想到的是，那个白俄人在得到陈定达的钱财以后，不仅没有去刺杀汪精卫，而且还向汪伪政府告密。很快，没有做一点儿的准备的陈定达被捕了。非常痛恨刺客的汪精卫在知道陈定达并不是一个政治特工，而是一名实业家以后，立刻改变了主意，想要利用金钱将他收买。为了实现这一目的，汪精卫居然亲自出马去劝降陈定达，并且承诺，只要陈定达将幕后的主使说出来，就可以赦免他的死罪。谁知，陈定达不仅没有动心，反而不卑不亢说道："国贼人人得而诛之，何须他人指使！"汪精卫听了这话之后，非常愤怒，命人将年龄仅有 38 岁的陈定达枪毙了。

在 2 个月之后，汪精卫遭遇了第 5 次刺杀。这次的刺客是 2 个人，名叫黄逸光与黄征夫。他们是隶属于国民政府的特工，通过国民政府秘密安排，化妆成平民百姓前往南京求见汪精卫。然而，这个消息还是不小心泄露了，被汪精卫知道了。于是，汪精卫马上派遣密探对他们2个人暂时居住的房间进行搜查，结果在衣橱中发现了被藏起来的手枪。就这样，此次刺杀行动再一次失败了，黄逸光与黄征夫也都被捕了。在临刑的时候，黄逸光依旧昂然不屈，他大声地喊着为中华民族而死死而无憾，随后，非常从容谈定地就义了。

1943年8月，汪精卫由于8年以前留在自己背部的子弹头上的铅毒渗进了其骨髓而卧床不起。他在南京的日军陆军医院接受了非常积极的治疗，但是其病情并没有好转起来，于是，不得不前往日本继续接受治疗，但是最终还是无药可医，病死异乡。1944年11月10日，汪精卫在日本的名古屋病死。

## 局势分析

汪精卫年轻的时候颇具革命抱负，曾经由于参加刺杀清朝摄政王载沣而名噪一时，后来又追随孙中山，投身于辛亥革命，逐渐地成为了国民党元老级人物之一。但是，在抗日战争全面爆发以后，他开始消极抗战，做出各种亲日行为，因而逐渐地被全国人民痛恨。最后，汪精卫居然公然背叛了自己的国家，投靠日本侵略者，成为了一个名副其实的卖国贼。既然汪精卫做出了如此可耻的事情，那么，接连不断地招来暗杀是很正常的事情。虽然先后5次刺杀都没有成功，但是却可以从中看出国人对汪精卫的厌恶与憎恨，同时也从侧面反映出了他的行为是多么的可恶。最终，汪精卫因为8年前留在身体中的子弹而病死，也算得上是报应了，正所谓"恶有恶报，不是不报，时候未到；时候到了必然会报！"

## 说点局外事

在抗日战争时期，由于日本侵略者的大力扶植，以汪精卫以及周佛海等亲日派作为首领的傀儡政权成立了，称为"中华民国国民政府"，其总部设在南京地区，与那个时候已经迁都重庆的国民政府形成了对立的局面，因此，又被叫作汪伪政府或者伪国民政府。

1938年秋天，日本军队先后将广州、武汉等地占领。因为战线拉得太长，日本军队实力不足而被迫停止了规模较大的正面攻击。这个时候，日本军队速战速决的计划彻彻底底地破产了，因此，他们改变了战略方针，开始加紧对国民政府进行诱降。11月，日本首相对外宣称，他们发动战争目的在于组建东亚新秩序，并且提出了善邻友好、共同防共以及经济提携的原则。

素来亲日，并且对于抗日战争缺乏信心的汪精卫，在日本侵略者的政治诱降之下，于1938年12月带着曾仲鸣与周佛海等从重庆逃到了越南河内，并且发表了"艳电"，宣布放弃抵抗的立场。在此之后，他在日本侵略者的扶植之下于1940年3月30日成立了"中华民国国民政府"，其地点设在南京地区，其"国旗"依旧沿用青天白日满地红的旗帜，只不过它的上面增加了写有"和平反共建国"的三角布片。汪精卫担任代主席兼行政院院长。1944年，汪精卫因为疾病去世之后，伪政权落到了陈公博和周佛海手中。1945年，二战结束以后，这个政权曾经改组为"南京临时政务委员会"，没多长时间就宣布解散了。

# 解散国民党

在民国时期，国民党可以称得上是一个非常强大的党派，甚至一度成为中国第一大党。但是，这样的一个党派最终却被袁世凯设计解散了。你知道这是怎么回事吗？国民党具体是怎样被解散的？

当宪法会议将《总统选举法》公布于众之际，袁世凯对此很是生气，他觉得法律的公布权应该是总统的，即便是立法机关，也不能够直接向外界进行公布。不过，那个时候，因为总统的选举的事情，他想要对国会加以利用，不方便提出反对的意见，而且他还想要在双十节的那一天上任，更没有充足的时间在这件事情上进行纠缠，所以，他才表示出了若无其事的态度，按照国会的咨文，在政府公报上刊登了《总统选举法》。

等到袁世凯真正成了总统以后，其态度忽然发生了转变，利用临时约法第30条作为根据，向国会提出了法律公布权的问题。袁世凯在咨文当中说道，公布权应该是总统的权利，宪法会议自己行使公布《总统选举法》属于一种违背法律的行为，而且还说，对他这位总统进行蔑视不算什么大事，但是违抗《临时约法》就是天大的事情了。

宪法会议收到来自于袁世凯的咨文之后，认为这并不什么大的问题，各个国家都是这样直接公布的，没有必要通过总统，再加上当时大家正在赶时间对宪法草案进行修改，也没有通过会议对这个问题进行讨论。因此，对于袁世凯的咨文没有作出任何的答复。

袁世凯等了 2 天没有等到回答，又向众议院提出了"增修约法案"。他的这个提案不但涉及到了法律公布权的问题，而且要将责任内阁制改成总统制，以便使总统的权力得以扩大。这个时候，国会制宪已经步入了三审的阶段，国会觉得正式宪法将要完成了，而《临时约法》也将要被废除了，根本没有必要再对其进行修改了。

10 月 18 日，施愚、黎渊、方枢、饶孟任、顾鳌、孔昭焱、程树德与余繁昌这 8 位不速之客忽然来到了国会，并且，声称是作为总统的代表来列席宪法会议的。

国会的议员们对此非常惊讶："什么？代表总统列席会议？"

施愚非常傲慢地说道："这是总统的命令！从今天开始，国会对宪法进行起草，召开审议会，都要事前向国务院进行报告，以便我们 8 个人能够及时地来列席会议。"

"民国立法的权利是属于国会的，政府怎么可以对此插手呢？"有一个议员小声地嘀咕道。

"这是总统的命令，你们敢不服从总统的命令吗？"

"你们不要太过分了！"有人非常气愤地说道。

随后，议员们没有再理会这几个人，就自己去开会了。那几名不速之客被气得脸都绿了，非常生气地从会场退了出来，去向袁世凯汇报去了。

袁世凯之所以会这样着急地对宪法会议插上一手，主要因为他听说，宪法草案是以《临时约法》作为蓝本的，依旧要推行责任内阁制，袁世凯对此不能够接受。当初，清政府邀请袁世凯出山，他曾经以推行责任内阁作为条件，要将国家大权控制在自己的手中，现在，自己已经成为了国家的总统，

所以,又开始憎恨、厌恶责任内阁制。在得知自己派去的代表的遭遇之后,袁世凯非常愤怒,下定决心要对付国民党。

10月25日,袁世凯对外发表通电,声称国民党议员把持着宪法起草委员会,宪法草案对政府特权进行了侵犯等,并且号召各个省份的都督、民政长都畅所欲言地发表自己的看法。各个省份的都督、民政长均为行政人员,没有权利立法,袁世凯当然懂这个道理,但是他依旧这样做了,其目的就在于想要把水搅浑,然后再趁着浑水进行摸鱼。

各个省份的官员看到袁世凯得势了,也想对他进行拍马屁,所以大多都顺从袁世凯的意愿,发表所谓的"高论"。其中,说得最直接的就是安徽都督倪嗣冲,他说:"应该将国民党解散,将国民党议员都驱逐回原籍。"说得最疯狂的是辫子军统帅张勋,他说:"宪法草案太荒谬了,倘若总统大人赞同的话,那么,我愿意为你将那些叛逆除掉。"而淮军老将——姜桂题更是对国会议员破口大骂,说他们是"国民公敌",并且提出了"将党会取消,将机关扫除"的建议。甚至还有人提倡,将国会解散,将法制局作为制宪机关。

这些人根本没有一点儿法律意识,整天只知道打打杀杀,争强斗狠,但是他们忘记了一个事实:他们所拥护的大总统袁世凯正是由他们口中的"国民公敌"作为多数党的"叛逆机关"通过选举选出来的。

时局发展到这个地步,即便是甘心作为袁世凯工具的进步党人,也认为事情有些不太好。尽管进步党和国民党是政敌关系,可是,这个时候的国民党已经成不了大的气候了,袁世凯过分地打击国民党议员,让进步党议员们产生了一种兔死狐悲的感觉。尽管进步党愿意对袁世凯进行拥护,让他成为独裁的首领,但是他们还是希望袁世凯能够将事情做得体面些,将民主共和的外壳保存下来,使进步党可以以合法政党的地位服务于袁世凯。

眼看着由袁世凯策划的宣告国民党为不合法团体的恶作剧将要上演了,国会即将因为法定人数不足而断绝生机,进步党也即将丧失其根据地而不能够在政治舞台上站稳脚跟。所以,在生死存亡之际,进步党议员和一部分国民党议员联合起来成立了一个"对民主进行拥护、对宪法草案进行拥护"的民宪社,提倡国会议员是否除名应该由国会自己决定,外力不得对其进行干涉。

袁世凯看到各个地区发过来的电报非常高兴，急忙邀请担任国务总理之职熊希龄以及各部的部长召开会议，商讨将议员撤掉等事宜。熊希龄是一个唯唯诺诺的人，所以，没有提出任何反对意见。11月4日，袁世凯正式颁发了命令：将国民党解散，并且将国民党议员撤销。

袁世凯颁发命令的那一天，就派遣了300多名军警，用迅雷不及掩耳之势将顺治门外彰仪门大街国民党北京支部包围了，甚至还在三更半夜跑到国民党议员的家中，搜集他们的证书与徽章等。当然了，这并不能使袁世凯的要求得以满足，因为他不但要将国民党解散，而且还要附带使国会无法继续存在。这个"一箭双雕"的计谋真毒啊！在将300多个国民党议员证书、徽章没收以后，袁世凯通过计算得知两院剩下的议员，还足够法定的人数，依旧能够继续进行开会，于就是不惜违背自己曾经把颁发的命令，指示军警继续对湖口之役之前已经表明从国民党脱离出来的议员与跨党分子的证书、徽章进行追缴，又多收了80多个，加起来有438个。袁世凯终于高兴了，因为这样一来收缴人数已经比两院议员半数多了，剩余的议员不足法定人数，再也不能对任何一个议案表决了。

第二天，大量的军警将参众两院包围了，严格地盘查进入议院的人员，没有证不可进入。即便有可以入场的非国民党议员也被那些凶狠狠的人吓走了。11月14日，袁世凯又颁发了一道命令，勒令每一个已经被追缴了证书与徽章的议员，倘若想要从北京地区离开，那么就需要寻找5个人以上的连环保，担保从北京离开以后不会作出什么对政府不利的言论与行动。

这个时候，袁世凯还不敢直接颁发命令，将国会解散。按照他的命令，在将国民党解散之后，议员的缺额由各个省份的候选人进行递补。那个时候，国民党不但在当选议员当中占大部分，在候补议员当中也是多数的。倘若真的用候补议员进行递补的话，国民党在国会中依旧属于多数党。

对于这样的事情，袁世凯自然不会允许其发生。于是，他表面上颁发命令进行递补，暗里地又指示各个省份的当局不要使递补手续得以完成，导致国会不可能就会有"借尸还魂"的机会。

针对将国民党解散的问题，有一家报纸的批评是最尖锐的，文章中说："将国民党解散的命令，是以将湖口攻下了的时候所得到的证据作为其依据的。事情已经过了好几个月了，为什么政府一直没有过问，一直推迟到现在才宣布的呢？现任的总统就是由哪些谋叛议员选举出来的，既然议员已经被停止了，那么总统是不是还有资格存在呢？"面对这样的质疑，袁世凯根本不知道该说些什么。不过，在他看来，既然他已经坐上了大总统的位置，也就不需要再对此答复了。于是，他选了装聋作哑。

## 局势分析

国民党的"二次革命"失败之后，袁世凯只是将所有的责任都算在了国民党的领袖以及国民党军人的身上，他表示国民党依旧可以拥有合法的地位，而国民党议员也依旧能够像往常一样出席国会。袁世凯对待国民党这个政敌的态度在当时令很多人难以理解，因为袁世凯可不是一个心胸宽广的人。

不过，这个问题在举办了总统的选举活动以后没多久就有了正确的答案：原来，袁世凯只要想要对国会加以利用，使自己成为正式的总统。倘若过早地将国民党解散，那么，国会，这个以国民党作为多数党的组织就会土崩瓦解，所以，袁世凯才没有立即将国民党解散，而是推迟到举行完了总统选举活动以后，然后再解散国民党，使得国会最后来一个"无疾而终"，这也是袁世凯实现自己野心的一个策略。

## 说点局外事

在中国的历史上，像中国国民党这样经历很长的时间而变得更加鲜活，更加有活力，更显价值，并且受到广大人民群众拥护的政党，实在是非常少见的。中国国民党拥有100多年的历史，曾经遇到过无数艰难险阻与挑战：在革命时期，与清廷以及保皇党、立宪派进行对决；在民国建立之后，受到了来自袁世凯的诸多压迫以及军阀的强迫与控制，来自于日本帝国主义的侵略等，各种困难接踵而来，让国民党几乎没有享受过安宁的日子。

但是，俗话说得好："真金不怕火炼"，中国国民党自始至终都坚持着造福国家造福人民的理想，坚守着自由民主的原则，却能够在经历了无数的风霜雪剑之后变得更加坚强，经历了多次挫折之后变得更加挺立。他们依仗的就是不畏艰难，不害怕竞争的精神毅力，不逃避挑战的勇气与担当以及克服一切困难的顽强斗志。

1897年，孙中山在英国伦敦开展革命活动的时候，常常前往大英博物院图书馆博览各种各样的书籍，并且对欧洲各个国家的政治和社会情况进行考察，感悟到了仅仅只有政治革命不能够将社会问题解决，因此，创建了民生主义思想，同时促使三民主义的思想架构得以初步完成。到了1905年，同盟会正式成立，将三民主义当作建立新中国的宏经大典。毫无疑问，这是中国国民党无与伦比的政治资产。

在这100多年来，中国国民党将认真地贯彻三民主义作为职志，在党的带领之下，不少志士仁人不怕困难，不畏牺牲，前仆后继，共同为实现三民主义的理想目标而不懈地努力奋斗着，简直可以说是"鞠躬尽瘁死而后已"。

中华民国政府迁移到了台湾地区之后，历任领导人都深深地信服三民主义，励精图治，从施行土地改革开始，然后促进经济的建设，大力发展文教科技，致力于对宪政进行改革，宣扬民主政治，努力使两岸关系得以改善，从而创造出了令世人羡慕的"台湾经验"，这也充分地证明三民主义真的是与中国人民的需求、利益等相符的主义。

# 蒋介石三邀毛泽东

1945年8月14日，抗日战争结束了。蒋介石并不是因此而享受难得的和平时光，反而从哪一天开始，就连续3次给中国共产党的领导人毛泽东发电报，邀请毛泽东前来中国重庆地区进行谈判。蒋介石是真心地邀请毛泽东来谈判的吗？他为什么要如此地着急呢？在邀请的电报中，蒋介石是怎样说的？面对蒋介石的要求，毛泽东又是如何应对的呢？

大家都知道，蒋介石一直将共产党视为心腹大患。在抗日战争时期，国民党和共产党团结起来，一致对外是人心所向，而抗战取得胜利以后，国民党就没有顾忌了。可是，国民党考虑到他们的军队那个时候还在大后方，如果发动内战，那么还需要一些时间进行准备。于是，国民党就准备先和共产党和平谈判；而美国也希望国民党与共产党进行和谈，以便为帮助国民党将兵士运往前线争取足够的时间。在这样的情况下，蒋介石才会非常急切地邀请毛泽东谈判。他的意图为：倘若毛泽东拒绝谈判，就以此为借口宣传共产党缺乏诚意，如此一来就师出有名了，就可以将发动内战的责任推到共产党的身上；倘若毛泽东同意谈判，一方面能够利用谈判的机会加紧发动内战的准备作用，另一方面能够逼迫共产党将解放区交出来。于是，蒋介石在8月14日给毛泽东发了第1封邀请电报，其内容如下：

万急，延安

毛泽东先生勋鉴：

倭寇投降，世界永久和平局面，可期实现，举凡国际国内的各种重要问题，亟待解决。特请先生克日惠临陪都，共同商讨，事关国家大计，幸勿吝驾，临电不胜迫切恳盼之至。

蒋中正未寒

接到蒋介石的电报以后，毛泽东在8月16日利用朱德的名义发报给蒋介石，提出了"八路军与新四军一定要参加受降"、"国民政府对日受降事宜一定要与我方进行商量"、"制止内战"以及"马上将一党专政成立民主联合政府废止"的要求。当天下午，毛泽东才回电给蒋介石，其具体内容如下：

重庆

蒋委员长勋鉴：

未寒电悉。朱德总司令本日午有一电给你，陈述敝方意见，待你表示意见后，我将考虑和你会见的问题。

毛泽东未铣

8月20日，蒋介石第2次给毛泽东发电，邀请他来渝谈判：

延安

毛泽东先生勋鉴：

来电诵悉，期待正殷，而行旌迟送未发，不无歉然。朱总司令电称一节，似于现在受降程序未尽明了。查此次受降办法，系盟军总部所规定，分行各战区，均予依照办理，中国战区亦然，自未便以朱总司令之一电破坏我对盟军共同之信守。朱总司令对于执行命令，往往未能贯彻，然事关对内，防碍犹小。今于盟军所已规定者亦倡异议，则对我国家与军人之人格将置于何地。

朱总司令如为一爱国爱民之将领，只有严守纪律，恪遵军令，完成我抗战建国之使命。抗战八年，全国同胞日在水深火热之中，一旦解放，必须有以安辑之而鼓舞之，未可蹉跎延误。大战方告终结，内争不容再有。深望足下体念国家之艰危，悯怀人民之疾苦，共同戮力，从事建设。如何以建国之功收抗战之果，甚有赖于先生之惠然一行，共定大计，则受益拜惠，岂仅个人而已哉！特再驰电奉邀，务恳惠诺为感。

蒋中正哿

蒋介石在这封电报当中采用敷衍的态度对待朱德电文中的要求，这也充分地表明，蒋介石根本没有和谈的诚意。于是，8月22日，毛泽东给蒋介石致电，其具体内容如下：

重庆

蒋委员长勋鉴：

从中央社新闻电中，得读先生复电，兹为团结大计，特先派周恩来同志前来进谒，希予接洽为恳。

毛泽东未养

国民党的报刊与广播电台将蒋介石先后2次邀请毛泽东进行谈判的事情弄得沸沸扬扬，因此，国内舆论对于毛泽东一再拒绝谈判议论不休，并且颇有不满。在国际上，苏联由于曾经与国民政府签订了《中苏友好同盟条约》，有责任对国民党进行支持，因此，也向毛泽东致电，劝说他前往赴渝进行谈判。美国驻华大使——赫尔利也表示可以亲自驾驶专机前往延安接毛泽东。于是，国内外的舆论逐渐地朝着对蒋介石有利的方向发展。这时，蒋介石断定毛泽东不可能会来重庆谈判，为了将毛泽东推入更加被动的境地，于是，他在8月23日第3次发报给毛泽东，其具体内容如下：

延安

毛泽东先生勋鉴：

未养电诵悉，承派周恩来先生来渝洽商，至为欣慰。惟目前各种重要问题，均待与先生面商，时机迫切，仍盼先生能与周恩来先生惠然偕临，则重要问题，方得迅速解决，国家前途实利赖之。兹已准备飞机迎接。特再驰电速驾！

蒋中正梗

在这种情况下，为了挽救国内的和平，同时也为了让国民党找不到任何的借口，毛泽东最终决定前往重庆和蒋介石进行谈判。于是，8月24日，毛泽东复电蒋介石：

特急，重庆

蒋介石先生勋鉴：

梗电诵悉。甚感盛意。鄙人亟愿与先生会见，共商和平建国大计，俟飞机到，周恩来同志立即赴渝进谒，弟亦准备随即赴渝。晤教有期，特此奉复。

毛泽东敬

8月28日，毛泽东在赫尔利与张治中（国民政府军政部部长）的陪同下，带着周恩来（中共中央书记处书记）、王若飞（中共南方局负责人）乘坐飞机前往重庆。在机场，毛泽东发表了书面谈话，明确地指出现在最重要的就是保证中国国内和平，实现民主政治，巩固国内的团结，希望所有的抗日政党与爱国人士团结起来，共同创建美好的新中国。

毛泽东抵达重庆的消息在国内外引发了巨大的震动，国内舆论大力赞扬毛泽东维持并联系着中国现在与未来历史以及人民的幸福生活。而外国记者也都大力地对毛泽东的胆量与气魄进行赞颂，并且对中共设法寻求和平、民主与团结的诚意给予了相当高的评价。于是，在经历了10年内战、8年抗日战争以后，国民党与共产党终于坐在一起进行谈判了。

8月29日，重庆谈判正式开始。出席这次谈判的国共双方代表主要包括张群、王世杰、张治中、邵力子、周恩来以及王若飞等。因为国民党原本就没有和谈的诚意，事先根本就没有做一点儿准备，所以，大部分的谈判方案均是由中共方面提出来的，国民党的代表只不过是在虚以为蛇地进行应付。而且，在谈判的过程中，国民党军队还频繁地进攻解放区，解放区军民为了自卫，在河北邯郸地区、山西上党地区以及察哈尔张家口地区，狠狠地回击了前来进犯的国民党军队。

国共两党一边打仗，一边谈判，最后，国共双方的代表于10月10日一起签订了《国民政府与中共代表会谈纪要》，也就是"双十协定"。蒋介石在表面上对与中国共产党所提出的和平建国的基本方针与召开政治协商会议的建议给予承认并接受，对多党派的平等地位表示认可，使人民的民主权利得以有所保障，可是却对中共的军队与解放区的民主政权不予承认，并且以"统一军令"与"统一政令"作为借口，实际上是将中国共产党领导的人民军队与解放区进行取缔。所以，国共双方在人民军队与解放区政权等原则性的问题上并没有达成一致的意见。10月11日，毛泽东回到延安，而周恩来与王若飞等人则继续留在重庆与国民党进行谈判。但是，国民党的既定方针——假和平、真内战，决定了重庆谈判最终是不会完美落幕的。

## 局势分析

在重庆谈判期间，中国共产党为了和平而做出的各种努力，让社会各界人士都感受到了他们的诚意，越来越多的人开始倒向共产党，人民民主的革命统一战线得到了巩固与扩大，人心向背已经变得十分明显，这为中国共产党第3次国内革命战争取得胜利奠定了良好的政治基础。

重庆谈判延迟了全面内战发生的时间，使得解放区得到了很长一段时间进行和平恢复与发展。中国共产党深切地感受到蒋介石根本没有诚意，为了利用斗争寻求团结，就努力地使自己发展壮大，在解放区中施行减租、生产与练兵活动，以便使革命根据地得以建立与巩固。

总而言之，中国共产党通过重庆谈判为自己在以后的内战中取得胜利而奠定了十分牢靠的基础。对于中国共产党来说，重庆谈判是一次很成功的谈判。

## 说点局外事

上党战役，指的是在重庆谈判的过程中，在山西长治（古属上党郡）地区，晋冀鲁豫解放区军民将国民党军队侵犯击败的战役。1945年8月，国民党阎锡山部1.7万多人，从浮山、临汾、翼城进犯解放区长治地区。邓小平与刘伯承带领解放区军民奋起进行自卫，在9月10日发动了上党战役，先后将长治周边的屯留、长子、潞城以及壶关等城收复，继而对长治进行围攻。在这种情况下，阎锡山急忙调集了2万多人进行增援。邓小平与刘伯承带着部队采用围城打援的策略，用一部兵力对长治进行围困，而主力则事先在屯

留与麂亭间进行埋伏。10月2日，国民党的援军进入共产党的预伏区，结果国民党大部分援军被消灭。驻守长治的国民党军队放弃城池逃跑，最终也被消灭了。

在这次战役中，共产党一共歼灭国民党3.5万多人，将第19军军长——史泽波等将领生擒，非常有力地配合了中国共产党代表团在重庆的谈判斗争，在很大程度上促进了"双十协定"的签订。

# 陕北三战三捷

国民党不遵守承诺，单方面破坏停战协议的约定，进攻中国共产党，想要将中国境内所有的共产党消灭干净，以便独自掌控中国。在这其中，国民党曾经向中国陕北与山东的解放区发动了重点的进攻，这才有了历史上著名的"陕北三战三捷"。

1946年6月26日，国民党将停战协定撕毁，全面进攻解放区。面对这种情况，各个解放区军民都奋然站出来进行自卫，经历了8个月的艰苦奋战，彻彻底底地将国民党军队的全面攻击给粉碎了。

从1947年3月开始，国民党又开始"重点进攻"山东与陕北的解放区。为了将国民党军对于陕北的重点攻击粉碎，人民解放军西北野战军从3月25日到5月4日在在延安的青化砭、羊马河与蟠龙地区连续打了3次伏击战。国民党军队的人数为与西北野战军的10倍之多，而且其装备也十分精良。在这种情况下，西北野战军将会采用何种战术对付国民党军队呢？这3次伏击战最终是什么样的结果呢？

1947年3月13日，蒋介石让胡宗南带着部队攻击延安与陕甘宁边区的共产党军队。国民党投入了大量的兵力，包括34个旅约23万多人，他们的基本部署为以胡宗南所率部队作为主攻从南线进行突破，将延安占领；以青海马步芳、宁夏马鸿逵以及榆林邓宝珊分别从西线与北线配合进攻西北野战军，想要在延安以北地区将西北野战军消灭，或者逼着西北野战军东渡黄河。中共中央识破了国民党的作战意图，迅速地制定了将敌人引进来，然后集中优势兵力利用运动战将敌人消灭的战略方针，并且在3月18日决定主动从延安地区撤离。鉴于敌强我弱的现实，西北野战军遵从毛泽东的领导与指示，灵活地采用"蘑菇"战术，与国民党军展开了规模较大的运动战，最终在青化砭、羊马河与蟠龙战役获得了胜利。

所谓"蘑菇"战术，指的就是在地形和群众都有利的前提下，针对敌军急着寻找与我方进行决战的心理，以少数的部队和敌军进行周旋，尽可能地消耗对方，使其疲惫、饿困，而以主力部队隐蔽起来耐心地等候，等到敌军非常疲惫和孤立无援的时候，集中主力将其逐个进行消灭。

中共中央从延安地区撤离以后，胡宗南的部队急着寻求解放军主力进行对战。西北野战军主力第一纵队、第二纵队、新四旅以及教导旅在延安东北地区的青化砭集结起来等待时机，而将一个营伪装成主力部队诱惑敌军进入延安西北地区的安塞。胡宗南错误地认为解放军主力部队朝着安塞方向撤退，随后集结了 5 个旅的兵力于 3 月 21 日从延安地区沿着延河向安塞行进。与此同时，为了使其主力的侧翼安全得到保障，胡宗南派遣第 27 师 31 旅沿着延榆公路朝着青化砭行进，修建据点。3 月 25 日，西北野战军使用 6 个旅的兵力，在青化砭地区将该旅包围起来，经过 1 个多小时的激烈对战，将该旅2900 多人消灭，并且将旅长李纪云擒获。

西北野战军从延安撤离之后，青化砭战役是其打的第一个胜仗。这一战役表明，因为地形与群众条件比较优越，使用小部队进行佯动，将敌人的主力牵制，用主力寻找战机将敌人孤立、突出的部队消灭是完全有可能的。在青化砭战役发生以后，这种非常适合于陕北战场特点的运动战战法——"蘑菇"战术初步形成了。

国民党军队在青化砭战役之后发现解放军的主力部队在延安的东北地区，就命令其整编第 1 军、第 29 军共计 11 个旅的兵力，分别从安塞与延安等地朝着延川与清涧地区前进，整编第 76 师将延长县占领之后，继续朝着延川地区进犯，想要找到解放军的主力进行对战。西北野战军主力则非常快速地转移到了蟠龙地区与瓦窑堡地区进行休整，隐蔽起来等待时机，仅仅派出少数兵力诱惑敌军朝着延安东北方向前进。从 3 月底到 4 月初，国民党军队在延川、瓦窑堡、清涧等地区兜兜转转了 200 多千米，但是每一次都扑空。

在寻求作战没有成功、士兵疲惫、粮食缺乏的情况下，国民党军不得已

将第 135 旅留在瓦窑堡进行坚守，而其主力则南下去补给。在把国民党主力部队引诱到了瓦窑堡西南方向以后，解放军主力在瓦窑堡以南的羊马河隐藏起来等待命令，对敌军的第 135 旅进行伏击。4 月 14 日，当 135 旅沿着瓦窑堡到蟠龙大道南下的时候，在羊马河地区遇到了解放军的强烈进攻，135 旅大约 4700 人被消灭了，代旅长麦宗禹也落入了解放军的手中。羊马河战役是西北野战军在西北首创将一个整编旅全部消灭的范例，这一战役显示了"蘑菇"战术的威力，给了国民党胡宗南所部一个非常沉重的打击，从而奠定了彻彻底底地将胡宗南军击败的基础。

羊马河战役发生以后，国民党军队想要逼迫解放军的主力北上，东渡黄河。中共解放军将计就计，依旧使用"蘑菇"战术，把主力撤到了瓦窑堡西北集合起来等待命令，而用一个旅佯装成主力部队，沿途将臂章、旧军装、破担架等丢掉，制造出一种仓皇撤退的假象，把国民党军队 9 个旅引诱到了绥德。5 月 2 日傍晚，国民党的主力部队抵达绥德。当天夜晚，解放军的主力部队猛烈地攻击蟠龙守敌。双方激烈地对战到 5 月 4 日，国民党第 167 旅大部分与陕西自卫军第 3 总队一共 6700 多人全部被消灭了，担任旅长之职的李昆岗被擒获，大量的粮食与军用物资也落入了解放军的手中。这使得西北野战军物资等方面的困难得到了大大的缓解。蟠龙大捷发生之后，国民党的主力部队被迫在 5 月 5 日将绥德放弃，慌慌张张地向蟠龙回师。

就这样，在从延安地区撤离之后的 40 多天的时间中，在陕北战场，西北野战军非常灵活地采用"蘑菇"战术，将国民党军队 1.5 万多人消灭，将国民党军 3 个旅长擒获，获得了三战三捷的巨大胜利。之后，西北野战军又在同年 8 月份在沙家店战役中取得胜利。此战役是西北战局的转折点，从此以后，西北野战军从防御阶段进入了进攻阶段，并且将战争的主动权握在了自己的手中。

## 局势分析

陕北三战三捷，为彻底地将国民党军对于陕北的重点进攻粉碎奠定了非常坚实的基础。作为我军非常巧妙地利用地形、及时地抓住战机、准确地衡量敌军用兵、集中优势的兵力，用劣势的装备将处于优势状态的国民党打败的经典战例，陕北三战三捷为我军在保卫延安的战役中狠狠地打击敌军的狂妄气焰，稳定西北的战局以及对全党、全军以及全国人民的斗争意志进行鼓舞，起到了相当重要的作用。与此同时，陕北三战三捷也为我军积累了非常宝贵的战役战斗经验，不仅对当时的作战有益，甚至对于现代军队都有着良好的影响。

## 说点局外事

1947 年 3 月，国民党集结了大约 45 万人的兵力，包括 24 个整编师 60 个旅，由顾祝同负责指挥朝着山东解放区发动了重点进攻。顾祝同认真地吸取了以前分路进攻却被逐一击破的经验教训，制定了将兵力集中起来、密集地靠拢在一起、齐头并进、稳扎稳打的作战方案，利用主力部队进攻鲁中山区的解放军，想要逼着华东野战军撤退到胶东十分狭窄的地带。针对国民党军队的这种部署，华东野战军制定出了将主力集中起来，采用中央突破、两翼牵制的战略战术，首先对突进的国民党军 5 大主力之一的整编第 74 师进行包围与消灭。5 月 13 日，华东野战军向 74 师发动了进攻，于第二天在孟良崮地区将该师分割包围。国民党急速地调了 10 个整编师前往蒙阴等地进行集结，想要将孟良崮之围解除，结果却由于受到解放军的大力阻击而没能够取得成功。5 月 15 日，华东野战军向 74 师发起了总攻，与 74 师激烈地进行对战直到 5 月 16 日下午，将中将师长张灵甫击毙，将该师 3.2 万多人全部消灭，获得了孟良崮战役的胜利，从而将国民党对山东解放区施行重点进攻的战略计划打破了，对于华东战局的转变起到了相当重要的作用。

# 刘邓大军千里跃进大别山

在中国近代史上，刘邓大军千里跃进大别山，是一个非常重要的历史事件。它对中国共产党与国民党之间所进行的战争有着至关重要的影响。那么，你知道刘邓大军千里跃进大别山的具体过程吗？

自从 1946 年 6 月国民党掀起全面内战以来，人民解放军在经历了 1 年的激战以后，战争的整个形势发生了非常重大的改变。国民党军队的总兵力从内战初期的 430 万人减少到了 370 万人，而人民解放军则从开始的 127 万人增加到了 195 万人，而且机动兵力已经远远地超过了国民党的军队，装备也在很大程度上得到了改善。

国民党与共产党力量对比的变化充分地表明，人民解放军从内线作战转到外线作战，从战略防御转到战略进攻的时机已成熟了。为此，1947 年 7 月 21 日，中共中央在陕北靖边县的小河村举行了前委扩大会议，最后将利用主力打到外线去，把战争引到国民党所统治的地区的战略总方针确定了下来，并且确定战略的进攻方向为跃进大别山，拿下中原。

中共中央经过慎重考虑后选择将中原地区作为突破口。这不但是由于中原地区的战略地位非常重要，还由于那个时候的国民党正在集结兵力对山东与陕北施行重点的进攻，中原地区的守备兵力相对比较薄弱，倘若将中原地区占领，就能够逼迫国民党的主力部队从山东与陕北进行回援，实现将战争引到国统区的战略目标。

为了顺利地将挺进中原的战略进攻计划实现，中共中央十分慎重地制定出了战略部署：刘伯承与邓小平带领的晋冀鲁豫野战军主力，陈毅与粟裕带领的华东野战军主力，晋冀鲁豫野战军陈赓、谢富治兵团这三路大军配合起来进行作战，继而向中原地区挺进，并且将千里跃进大别山的这个异常艰巨的任务委托给了刘邓大军。

1947 年 6 月 30 日晚上，按照中共中央的战略部署，刘伯承与邓小平带领晋冀鲁豫野战军主力第一纵队、第二纵队、第三纵队以及第六纵队 13 个旅大约 12 万人，在山东阳谷县张秋镇到鄄城县临濮集 150 多千米的地段上，冲破了国民党自负地认为可以抵挡 40 万大军的黄河天险，进入了鲁西南，发起了鲁西南战役。在不超过 1 个月的时间内，刘邓大军将国民党军 9 个半旅大约 6 万人全部消灭，逼着国民党从山东与陕西调了 11 个整编师 28 个半旅的兵力前去增援鲁西南，从而将国民党的整个战略部署都打乱了，掀开了人民解放军战略进攻的序幕，为千里进入大别山打通了道路。

在鲁西南战役结束以后，晋冀鲁豫野战军遵从中共中央军委指示估计进行 15 天的休整。鲁西南地区的回旋余地不是很大，因此，国民党军就趁着解放军进行休整的机会集结了 30 个旅大约 20 万人，兵分五路向鲁西南进行合击。刘伯承与邓小平非常果断地决定部队的休整结束，主力部队提前向南行进。中共中央马上批准了他们的建议，并且授予他们在情况紧急不能及时进行请示的条件下，所有事情可以由他们自己进行决断处理的权利。

8 月 7 日，刘邓大军忽然将国民党的军队甩开，分成左、中、右 3 路向南迅速地奔驰，开始了跃进大别山的进程。国民党军队在鲁西南地区扑空以后，做出了刘邓大军可能由于河水急剧上涨而被迫向南前进的判断，并且以 20 个旅分路进行尾追，以少数兵力在平汉路进行侧击，想要在黄泛区彻底地将刘邓大军消灭。但是，刘邓大军比国民党军早 2 天经过陇海路，来到黄泛区，将国民党军队远远地甩开了，继续朝着大别山前进。刘邓大军穿越宽度大约为 15 千米，到处都是淤泥积水、荒无人烟的黄泛区，先后渡过了沙河、涡河、洪河、汝河以及淮河，经历了 20 多天十分艰苦的跋涉以及非常激烈的战斗，从国民党部队的围追堵截中突破了出来，在 8 月 25 日，终于抵达淮河北岸。

那个时候，淮河水位正处于上涨的状态，渡河相当困难，而国民党军队的追兵又即将到来，情况极其危险紧急。刘伯承亲自前往渡口对水深进行测量，对水情进行调查。当刘伯承发现上游有人牵着马进入水中过河以后，非常果断地颁下命令，让所属部队趁着河水还没有猛烈上涨的时候，从河流的上游涉水渡河。8 月 27 日，刘邓大军的主力部队全部从淮河渡了过去，到达了大别山区。而随后追赶而来的国民党军队，由于河水猛然上涨，不得不望河兴叹了。8 月 30 日，刘伯承与邓小平向中共中央军委进行报告，说刘邓大军已经顺利地完成了渡过淮河、进入大别山的跃进任务，国民党军队的追击计划彻底地失败了。

刘邓大军挺进大别山以后，克服了各种严重的困难，比如，极度困乏、减员严重、疾病流行、缺少给养装备等，快速地施行战略展开与分兵发动群众等工作，在经历了 2 个多月的艰苦奋斗以后，到 11 月下旬，将国民党军队大约 3 万人全部消灭，创建了 33 个县的民主政权，最终在大别山地区站住了脚跟。

## 局势分析

为了对中原进行经略，获得全局性的变化，中共中央经过非常慎重地考虑之后决定首先将战略进攻的矛头指向大别山地区。大别山位于鄂豫皖三省交界的地方，是国民党战略上最为敏感，同时也最为薄弱的区域。倘若人民解放军能够将大别山地区占领，那么就可以将国民党军津浦、平汉以及陇海三条交通线切断，还能够西逼武汉，东慑南京，瞰制中原，直接对敌人长江防线以及长江以南广大地区的统治形成威胁，逼迫国民党，使其主力部队从山东地区向陕北地区进行回援，从而让战局从根本上发生改变。刘邓大军千里挺进大别山也标志着中国共产党从战略防守的状态转成了战略反攻。

## 说点局外事

所谓"清风店战役"，指的就是在河北定县清风店地区，人民解放军消灭国民党军的战役。1947 年 10 月，人民解放军晋察冀野战军第 2 纵队、第 3 纵队与第 4 纵队共计 11 个旅以及地方武装，开始破坏袭击平汉铁路徐水到固城段，并且对徐水进行围攻。国民党第 16 军与第 94 军各一部分路进行南援，并且急速地调遣石家庄的第 3 军主力部队北进，对徐水地区的解放军进行夹击。晋察冀野战军在徐水的北面用了 4 个旅对国民党军队的援兵进行阻击，以一小部分兵力与民兵使国民党第 3 军停滞不前，用主力部队 6 个旅南下，于 10 月 21 日在清风店地区包围了国民党第 3 军的主力部队。双方激烈地进行对战到了 10 月 22 日，国民党军队被全部消灭，军长罗历戎与副军长杨光钰也被俘虏。

这一战役不仅开创了晋察冀歼灭战的新纪录，对于将华北战局扭转有着非常关键性的作用，而且也为拿下石家庄创造了极其有利的条件。

# 张治中与北平和谈

从 1948 年 9 月到 1949 年 1 月，国共双方在经历了 3 大战役，也就是辽沈战役、淮海战役与平津战役之后，国民党军队遭受了毁灭性的打击，大约有 154 万人全部被共产党消灭了。另外，很多原本隶属于国民党的地盘，比如，东北地区、华北地区等，都落入了共产党的手中。国民党的统治面临着非常大的危机。作为其领导人的蒋介石自然不会甘心就此认输，为了将危局挽救回来，他一边将剩下来的军事力量组织起来，沿着长江地区进行布防；一边积极主动地策划着一场"和平"的阴谋。

1949 年 1 月 1 日，蒋介石对外公布了《新年文告》，表示在伪宪法、伪法统以及国民党军队得以保存的前提下，愿意同中国共产党进行和平谈判。1 月 14 日，毛泽东对外发表了《关于时局的声明》，提出了对战争罪犯进行惩罚，将伪宪法废除，将伪法统废除，按照民主原则对所有的反对军队进行改编等 8 项和谈条件。很明显，国民党不可能接受这样的条件。面对内外交困的危险形势，1 月 21 日，蒋介石对外宣布"引退"，由李宗仁担任代总统之职。

1 月 22 日，李宗仁对外发布文告，声称愿意和中国共产党和平谈判。1 月 27 日，李宗仁向毛泽东致电，对以 8 项条件作为和谈条件表示赞同，要求尽可能快点将和谈地点确定下来。2 月 13 日，李宗仁派遣颜惠庆与章士钊等作为代表团前往北平，和中共就和谈的具体时间、具体地点等问题达成了协议。经过慎重考虑之后，国民党决定让张治中作为首席谈判代表。这主要是由于张治中是国民党高级将领当中未参加过反对共产党战争的少数人之一，而且还和周恩来等共产党人有着非常好的私交，向来拥有"和平将军"的美誉。

2 月 22 日，李宗仁将张治中从西北军政长官公署长官任上召了回来，并且任命他为国民党首席谈判代表，担负起与中国共产党和谈的重任，为和谈工作做准备。在进行和谈以前，为了将蒋介石对于李宗仁的处处牵制消除，张治中先后 2 次前往浙江奉化溪口去见蒋介石，大力劝说蒋介石出国，但是却被蒋介石严词拒绝了。蒋介石这样说道："他们逼着我下野尚且是可以的，但是逼着我我亡命，这是万万不行的！我现在只是一个十分普通的国民，到什么地方都是能够自由进行居住的，况且还是我自己的家乡呢？"对此，张治中十分无奈，不得不无功而返。

3月24日，何应钦主持举行了首次行政院会议，决定让张治中、黄绍竑、邵力子、章士钊与李蒸5个人作为和谈代表（后来又增添了刘斐），让卢郁文作为秘书，李俊龙、屈武、金山与刘仲华作为顾问。后来又起草拟定了以"划江而治，平分秋色"作为主旨的9条和谈腹案。

3月26日，中共中央发布了和国民党和平谈判的决定：谈判时间定为4月1日；地点定在北平；首席代表为周恩来，代表包括林彪、林伯渠、叶剑英与李维汉（后来又增添了聂荣臻），齐燕铭作为秘书长；以8项条件作为双方进行谈判的基础。

4月1日，以张治中作为首领的南京政府代表团乘坐飞机来到了北平，周恩来等人在其驻地六国饭店摆下酒宴进行招待。宴会结束以后，周恩来对于张治中等人在临行之前去奉化溪口见蒋介石的行为进行了指责。张治中非常尴尬地对此解释说，如今李宗仁只不过是名义上的代总统，而实权依旧在蒋介石的手中，自己是为了和谈才去摸底的。周恩来直白地说道，共产党是不可能接受蒋介石所导演的假和平的。

从4月2日到4月7日，国民党与共产党进行了个别对话，相互交换了意见。国民党代表对于中国共产党提出的8项条件进行还价，并且要求解放军不要渡江。4月4日，毛泽东发布了《南京政府向何处去？》，明确地指出人民解放军肯定会进军江南的。周恩来也向李宗仁与何应钦致信说，在和谈的过程中，人民解放军可以暂时不渡江，可是在和谈以后，不管结果怎么样都一定会渡江的。这就将李宗仁"划江而治"的愿望打破了，使国共双方原本定在4月5日的正式和谈被迫推迟了。

从4月8日开始，毛泽东与张治中等6位国民党代表逐一见面。毛泽东非常热情地招待了张治中，并且真诚地感谢1945年张志忠在重庆对于自己的盛情招待。4月13日，国民党与共产党代表团在中南海进行了首次正式会谈，周恩来作为中国共产党首席代表，提出了《国内和平协定草案》，并且对其进行了详细地说明。对于这个草案，国民党代表团的反应十分强烈，并且由作为首席代表的张治中提出了40余条修正意见。双方在认真商谈之后，有半一半以上的修正意见被采纳了。

4月14日，就协定草案的全部内容，周恩来与张治中再一次交换了彼此的意见。4月15日，国共双方进行第二次会议，讨论并通过了《国内和平协定（最后修正案）》。周恩来非常郑重地宣布：签字日期为4月20日，南京代表团愿不愿意在协定上进行签字，必须在4月20日之前表明态度，否则人民解放军就会渡江了。张治中也表示，会议结束以后将会向南京政府进行请示，然后做最后的决定。4月16日，黄绍竑与屈武带着《国内和平协定（最后修正案）》前往南京进行请示，李宗仁做不了主，又将其呈交给蒋介石进行裁决。由于蒋介石的操控，4月20日，李宗仁向南京代表团复电，对于《国内和平协定（最后修正案）》表示拒绝接受。到这个时候，国民党与共产党的北平谈判彻底地破裂了。4月21日，数百万的人民解放军强行渡过长江，并且在4月23日将南京占领，国民党在大陆地区的统治结束了。

出于安全方面的考虑，中国共产党非常诚恳地对张治中一行进行挽留，可是张治中表示自己是南京政府的首席代表，一定要回去复命。周恩来恳切地劝导说："不管是回南京，还是回上海，抑或是回广州，国民党特务都不可能放过你。在西安事变的时候，我们已经对不起张学良了，现在不能再对不起你了。"鉴于中共的真诚挽留，以张治中作为首领的南京和谈代表团成员全都同意留在北平。

张治中的和平愿望是十分真诚的，对于促成北平和谈也做出了一定的贡献，但是，国民党的败局已经定了。6月26日，张治中对外发表了《对时局的声明》，其中有这样一句话："我留在北平已经80多天了，根据我的见闻，感觉处处都显示着一种新的转变，新的趋向，代表着中华民族的前途已经显露出新希望。"这个声明刚刚发布，国民党散布出来的张治中"被扣"在北平的谣言就不攻自破了。

## 局势分析

北平和谈具有重要的象征意义，是中国走向统一，避免分裂进行的最后努力。北平和谈的时间为1949年4月，它是非常残酷而激烈的内战告一段落，辽沈战役、平津战役以及淮海战役刚结束的关口。国民党则想要对失败引发的分裂与无尽的争吵进行弥补，使长江防线加以巩固，争取重整旗鼓，将半壁江山保存下来。而中国共产党的部队需要进行休整，完成从华北战场、江淮战场向长江北岸进行转移的战略战术与渡江部署；所以，对于双方来说，和谈均为权宜之计。中国共产党希望不战而屈人之兵，而国民党则力争喘息的机会，所以，和谈刚开始的时候，就步履维艰，有着重重的阴影。在国共两党之间的矛盾不可调和的情况下，北平和谈最终以失败告终，这也意味着中国的分裂。

## 说点局外事

1949年4月20日，当国民党政府对于和平协定表示拒绝签字之后，毛泽东与朱德在第二天给人民解放军下达了向全国前进的命令：鼓起勇气前进，干净彻底将中国境内所有敢于抵抗的国民党反动派消灭，将全中国解放，保卫中国领土主权的独立与完整。4月21日早晨，刘伯承、邓小平率领的第2野战军与陈毅、粟裕率领的第3野战军，在西起湖口东到江阴的千里战线上面，分成3路强行渡过长江，彻彻底底地将国民党军的长江防线摧毁了。4月23日，将国民党的统治中心——南京解放了。

随后，中共各路大军趁着胜利前进。第3野战军主力对于从南京、镇江以及芜湖地区向杭州溃散撤退的国民党军进行追击，在5月3日将杭州解放。第2野战军主力对于向浙赣线溃散败逃的国民党军进行追击，很快就将南昌以外的主要据点控制起来，5月22日将南昌地区解放了。5月12日，第3野战军发起了淞沪战役，与汤恩伯的部队激烈地对战了16天，汤恩伯带领残余部队5万多人从海上逃跑了，5月27日，上海被解放了。5月14日，第4野战军的先遣兵团在武汉以东团风到武穴一线强行渡过长江，于5月16与5月17日将武汉三镇解放了。

# 第三章　武人

## 段祺瑞是个"臭棋篓子"

在很多人的印象中，军阀似乎都是一些嗜财如命的人，并且总是想尽一切办法压榨老百姓，甚至比官阶比自己小的官员，为自己进行敛财。不过，段祺瑞可以算得上是一个例外，因为他不喜欢钱财。

段祺瑞做官很多年了，在清王朝时期，他就已经做到了一品大员。后来，进入民国时期以后，他担任过陆军总长、内阁总理，甚至还做过中华民国的临时执政，但是却没有一点儿积蓄。段祺瑞从来不会积极主动去为自己置办产业，下野以后居住房子都来自于别人的赠送。虽然段祺瑞不喜欢主动地进行敛财，但是不管是在台上还是台下，他也从来没有出现过囊中羞涩的情况。因为在需要用钱财的时候，段祺瑞依靠着一纸二寸半的条子就可以前往金城、盐业银行取个千儿八百的，不仅不需要什么存折，而且也不需要什么担保。此外，段祺瑞也不是一个好色之徒，基本上没有出现过什么绯闻，只不过偶尔会去吃一次花酒，但是大多数都属于不得已的应酬而已。

段祺瑞一生之中仅仅只有两个爱好，第一，玩政治，第二，下围棋。在当时那个年代，有很多高级官僚都能够下几手棋，但是像段祺瑞这样痴迷的人却非常少。段祺瑞只要有一点儿空闲之间，基本上就会赶紧做到棋桌旁边，与人进行下棋。来段祺瑞家里做客的人，只要是懂得下棋的，段祺瑞都一定会让对方陪着自己下几盘。在平常的时候，公馆中还养着几个清客专门陪段祺瑞进行下棋，每个月都会从陆军部里支付薪水给予这些人。曾经在日本棋坛上大杀四方的大师吴清源，据说就是当年年龄最小的一个清客，吴清源之所以东渡日本去学棋，与段祺瑞的支持有着一定的关系。

不过，尽管段祺瑞喜爱下棋，如痴如醉，但是他的水平却非常一般，甚至可以这么说，他简直就是一个"臭棋篓子"。只要是稍微有一定点儿功底的人，就能够将段祺瑞杀得大败，但是，碍于段祺瑞的地位，通常来说，没有一个人敢这么做。更何况，前来段祺瑞府上拜访的人，基本上都是有求于他的人，陪着他下棋，故意输两盘也是理所应当的。不过，尽管段祺瑞的下棋的水平不高，但是倘若他看出来对方是故意让着他的，那么他是不会心甘情愿的。因此，在与段祺瑞下棋的时候，不仅要让他获得胜利，而且还要让他赢得不露痕迹，这必须是下棋的顶尖高手才能够做到的。而公馆中的那些清客却都具有这样的本领，每次与段祺瑞下棋都下得看起来使人神魂震惊、难解难分，最后总会让段祺瑞赢上那么一星半点的。

段祺瑞这个人非常自负，而且其脾气也十分倔强。毫无疑问，段祺瑞的比较特殊的围棋生涯，在很大程度上强化了他的这种性格，让他自己认为自己的天分很好，手段也极其高，至少在中国没有人能够超过他的。古人表示，围棋属于一种参合天地、运筹帷幄的玩意儿，段祺瑞也持有这样的观点，因此，他在下围棋的时候，实际上与他玩政治是相通的。很自然，他对于自己所拥有的政治才能也是极其自负的。

段祺瑞属于一个武人，他所玩的政治都属于军人政治，任总理、搞议会、做临时执政等，都不能离开枪杆子。虽然段祺瑞曾经喝过一年左右的德国洋墨水，但是他的军事才能却着实令人不敢恭维。尽管他戎马一生，但是却没有打过一个比较像样的仗。

在辛亥革命与二次革命当中，国民政府与革命党人进行对战，最终可以算得上获得了胜利，但是这里面根本就没有他段祺瑞什么事情；在对张勋进行讨伐的过程中，对方仅有5000辫子军，段祺瑞却使用了10多万兵马，最终无疑是段祺瑞赢了，但是这未免有点儿胜之不武；在接下来的直皖大战当中，段祺瑞麾下的皖系拥有大量的兵马以及上好的枪支弹药，单单是大炮就比直系那边多了1/3，而且他们的士兵还都发了双饷，上前线打仗就有面包与西瓜吃，但是，短短一个星期下来，段祺瑞的部队就被打得落花流水。

在军事上，段祺瑞没有什么实际的才能，在政治上也没有什么值得称赞的东西。段祺瑞在担任总理之职的时候，与总统闹了个"府院之争"；在充当执政（相当于总统）的时候却闹出了"三一八惨案"，并且灰头土脸地从历史舞台上退了下来，最后还需要依靠海青帮头子杜月笙养着他。

### ◤ 局势分析 ◢

段祺瑞喜欢下棋，甚至到了爱棋成痴的地步。从段祺瑞在下棋中的表现，我们可以看出他的智谋、处理问题的能力以及政治能力。可以这么说，段祺瑞玩政治与他下围棋的感觉是一样的，都是志向远大却缺乏才能，但是又自命不凡。或许正是由于在围棋上的经常"胜利"把他害了。

### ◤ 说点局外事 ◢

段祺瑞作为一个国家的军政首脑，给他送礼的人自然有很多，经常会排成很长的队伍，就好像一条长龙似的。但是，段祺瑞从来不会心安理得地收入别人的礼物，只有在遇上自己最为亲近的下属或者好朋友送来的礼物，倘若拒绝就显得不恭敬的时候，他才会从礼物当中挑选出一两样最不值钱的东西留下来，然后再将剩下的礼物全部退换回去。

担任江苏督军之职的齐燮元曾经将一件几扇镶嵌着各种各样宝石的屏风赠送给了段祺瑞。因为这件屏风看起来五光十色，而且相当名贵，所以段祺瑞的家里人都非常喜欢，一个个都盼望着段祺瑞能够将这件宝物留下了。令人没有想到的是，面对如此珍贵的礼物，段祺瑞居然一点儿也不动心，在第二天早上，段祺瑞就命令下属将这件屏风给齐燮元送还了回去。

## 陈炯明叛变

在中华民国的历史上，陈炯明可以称得上是一个充满争议的大人物，曾经在中国政坛上叱咤风云，风光一时。他原本是孙中山的左右手，两个人曾经一起经历了诸多风雨，彼此之间的感情十分浓厚，就好像亲兄弟一样。然

而，最后两个为什么会反目而分道扬镳呢？

身为系军事将领的陈炯明曾经经参与过辛亥革命与护法战争等。他对孙中山在广大的发展是十分支持的。同样，孙中山也很器重陈炯明，并且不断地对其进行扶植。然而，后来，两个人慢慢地有了分歧。而他们的分歧源自各自政治理念不一样：孙中山的理想是建立中央政府，指导全国革命，并且将革命分成三个时期，也就是军政时期、训政时期与宪政时期。孙中山认为，人民就像"无知可怜"的幼儿，而革命党就是保姆。陈炯明不同意孙中山的这一政治观点。在陈炯明看来，民主政治最重要的是以人民自治。两个人在理念的分歧在那个时候的具体表现为：孙中山提倡快速地进行北伐，组建集权的中央政府；而陈炯明则主张联省自治，先将广东地区建设好。

陈炯明的思想是具有一定的时代背景的。五四运动以后，不少人都觉得既然南北政府都没有能力将全国统一，与其一年接着一年地进行征战，还不如各省先开始自治，将各自的事情处理好了，再实施联省自治。这样一来就能不使用武力而最终将全国统一。这仿佛是长时间经历战争，极度渴望和平统一的中国人提出来的另一种可行性选择。所以，联省自治的主张不但在南方各个省份十分盛行，而且快速地波及到了处在北洋政府统治下的北方各个省份。陈炯明对于联省自治特别向往，可是孙中山决计利用武力将全国统一。于是，孙中山和陈炯明在政治上产生了分歧，经历了多次波澜起伏之后，最后不得不使用武力进行解决，以悲剧告终。

1922 年 2 月，孙中山发表了北伐动员令，在广西桂林举办了北伐誓师的典礼，拉开了北伐的序幕。粤军是孙中山比较倚重的军事主力，但是其总司令陈炯明并不热衷于北伐。孙中山没有办法说服陈炯明出兵进行北伐，不得不命令他回广东谋划准备后勤以及军饷的事情。令人感到非常意外的是，3 月 21 日，对北伐表示积极支持的粤军参谋长——邓铿在广州遇到了袭击，于 3 月 23 日不幸身亡了。4 月 20 日，孙中山颁发命令将陈炯明的粤军总司令、广东省长以及内务总长职务罢免。孙中山与陈炯明之间的关系恶化。

尽管孙中山将陈炯明的职务罢免了，但是为了使得后方得以稳定，对于陈炯明还是手下留情了，除了依旧使陈炯明的陆军总长职务得以保留之外，还任命陈炯明的亲信叶举担任粤桂边防督办，以便安陈炯明的心。这个时候，陈炯明觉得政变还没有准备充分，所以，他表面上敷衍孙中山，退居到了惠州假装不再过问政事，而私底下却与其亲信部属进行联络，打算发动兵变。

根据陈炯明的指示，叶举率领部队离开桂林回到广东，在 5 月中旬违抗孙中山各军不能入驻广州的命令，擅自进入广州驻军，将城内各个军事要地占领，修建工事，为兵变进行准备。之后，叶举等利用粤军官兵名义向孙中山致电，要求孙中山使陈炯明恢复原来的职务。5 月 25 日，孙中山给叶举等人回电，表示对于陈炯明"始终动以至诚"。5 月 27 日，孙中山在现实形势的逼迫下，让陈炯明利用陆军总长名义处理两广的军务，将匪患肃清，一切两广地方，都听从陈炯明的调遣。

然而，即便孙中山这样，也没能将陈炯明发动兵变的心挽回来。6 月 1 日，孙中山返回广州，以便图谋稳定后方的局势。可是，陈炯明以及他的部下对于孙中山多采用避而不见的态度，与此同时还加快了策划兵变的步伐。6 月 14 日，陈炯明将部属召集起来开会，决定发起兵变。6 月 15 日晚上，陈炯明用叶举所率部队作为先锋，分头对观音山总统府以及粤秀楼孙中山住宅等处进行攻击，兵变由此正式拉开了序幕。

在陈炯明发动兵变之前，孙中山已经得到了消息，其部属都劝导孙中山从总统府离开，躲到安全的地方，但是孙中山却坚持不走。直到深夜，广州各个地方都响起了枪声，孙中山才在其部属不断的恳求之下从住所离开了，潜行到珠海长堤天字码头，上了军舰，顺利地脱离了危险。6 月 16 日凌晨时分，陈炯明的军队开始对总统府与粤秀楼发起进攻，同警卫团进行激烈的对战，并且使用大炮进行轰击，可是却没能够突破警卫团的防线。6 月 16 日下午，陈炯明的部队对广州卫戍司令调停之机加以利用，冲进了总统府，孙中山的夫人——宋庆龄一直在这里坚持到最后时刻，化装之后由卫兵保护着送到了沙面，于第二天登上军舰同孙中山进行会合。

## 局势分析

陈炯明叛变直接导致国民党四分五裂。对于孙中山而言，陈炯明的叛变是一次相当沉重的打击，让孙中山感到巨大的痛苦，与此同时，也深刻地认识到了依赖军阀统一中国的愿望是不可能实现的。然而，孙中山最为可贵的地方就在于，尽管多次失败，但是他去不放弃对于理想那始终如一的追求。他仍然在不断地进行新的思索，寻找新的道路，发现新的力量，从这个时候就开始酝酿他晚年时期的又一次全新的转折。

## 说点局外事

联省自治运动开始于湖南地区。为了避免湖南卷进南北军阀的战争当中去，湖南督军谭延闿等人于1920年7月22日通过电报大力地号召"湘人治湘"。11月1日，谭延闿再一次发表通电，提倡"联省自治"，并且宣称湖南和护法各个省份一致，推行自治。与此同时，谭延闿等人还非常积极主动地策划起草省宪法，派遣属下到处进行宣传与活动，并且建议并召开各个省份联席会议，更进一步谋划组建全国性的联省自治政府，以此来对那个时候非常腐败的政治、异常纷乱的时局进行改良。他的这倡议，受到了四川、广东、贵州、云南、广西、浙江以及江西等10多个省份的认可与响应，促成了一个规模很大的要求省自治与联省自治的浪潮。有些社会名流或者有名的知识分子，比如，蔡元培、梁启超、章太炎以及胡适等人，也都参与其中，很好地推动了浙江自治与苏、浙、皖3省联省自治，反对军阀孙传芳的统治等。1926年，广东国民政府展开北伐以后，联省自治主张基本上没有人再提起来了，慢慢地从民国政坛上消失了，演变成了历史名词。

# 冯玉祥倒戈

在北洋时期，为了各自的地盘、粮饷等利益，各个派系军阀不断地进行着混战，简直到了有奶就是娘的地步，所以，在军阀混战之中，经常会发生"朝秦暮楚"的倒戈事件。其中，作为民国风云人物的冯玉祥在其一生当中就做过好几次临阵倒戈的事情，被人们戏称为"倒戈将军"。1934年，冯玉祥背叛直系倒戈，将大总统曹锟囚禁了起来，促使直系军阀有了土崩瓦解的趋势。冯玉祥的这次倒戈为社会的政治走向带来了巨大的影响。你想知道这具体是怎么回事吗?

在 1922 年第一次直奉战争当中,奉系军阀张作霖兵败退居到东北,准备养精蓄锐,韬光养晦,以便能够卷土重来,向直系进行复仇。1924 年 9 月 15 日,张作霖对直系进行宣战,曹锟急速地给吴佩孚发电,使其从洛阳来京,并且让他担任讨逆军总司令之职,让王丞斌担任副司令之职,让彭寿莘、王怀庆与冯玉祥分别担任第一军总司令、第二军总司令、第三军总司令,分兵 3 路对奉军进行迎击,就这样,第二次直奉战争开始了。

在这次的战争中,双方大约一共出动了 35 万人参加战斗,而且双方都有海空军参战,据说,其作战方式与技术据已经达到甚至高于一战的水平,战事相当激烈。当直奉双方正激烈地对战,并且很难分出胜负的时候,直系将领冯玉祥在 10 月 23 日带领部队悄悄地回京,发起政变,将大总统曹锟囚禁了起来,逼迫着曹锟颁发了停战的命令,将讨逆军总司令等职务撤销,将吴佩孚本兼各职全部罢免。那个时候的报纸将此次政变叫作"冯玉祥倒戈",而冯玉祥自己称为"班师之役",有的也叫作"首都革命"。

冯玉祥的倒戈属于一个突发性事件,彻彻底底地将吴佩孚的军事部署打乱了。吴佩孚不得不一边分兵对关外的奉军进行防御,一边率领部队回京救驾。冯玉祥和孙岳、胡景翼等组建了"国民军",打算迎战。

得知冯玉祥倒戈消息之后,奉军趁势大肆地发起进攻,吴佩孚一下子就开始腹背受敌,很快就兵败撤退了。11 月 3 日,吴佩孚组织好残余的部队,从大沽乘坐船只南下。第二次直奉战争在经过 50 多天的对战后,以直系军阀彻底的失败而结束。在第二次直奉战争中,冯玉祥倒戈是一个非常重要的转折点。令人疑惑不解的是,为什么原本是直系将领的冯玉祥要临阵进行倒戈呢?

原来,在第一次直奉战争结束以后,直系军阀曹锟与吴佩孚等人将北京政府控制了,直系力量迅速发展,到了顶峰时期。但是,在此之后直系的各种行为,不但不能将天下统一,反而使它的声望大肆下跌,特别是 1923 年 10 月曹锟以贿选的方式坐上大总统之位,这个丑剧大大地促使直系从强盛转向了衰败,直系军阀一时之间就沦为了众矢之的,其内外茅盾不停地加深。在各种茅盾当中,直系内部的茅盾是最致命的。

在直系的内部，津派、保派与洛派3派各自占据着地盘，在政治上面也是互争长短，各自将本派的利益看得最高，使得直系的力量大大削弱。直系最重要的军事将领——吴佩孚在曹锟当了大总统以后，担任直鲁豫巡阅使之职，在洛阳开府，提倡利用武力将全国统一起来，对北京政治进行干预，非常引人注目。其他的各个派系，比如，以高凌霨作为代表的保派、以王丞斌作为代表的津派、地方的两湖巡阅使萧耀南以及苏皖赣巡阅使齐燮元等，都对吴佩孚存有很大的戒心，他们有的大力地使发自己的派系力量得以发展，有的让人在曹锟身边不断地诽谤吴佩孚，说他的坏话，以便能够离间曹锟与吴佩孚之间的关系，从而致使吴佩孚在直系内部陷入孤立的状态中。

就吴佩孚这个人而言，他目中无人，态度傲慢，总是自以为高人一等，平时也不太注意本派内部关系的处理，特别是和担任河南督军之职的冯玉祥的关系一天天地进行恶化。吴佩孚将冯玉祥的兵权夺走了，让冯玉祥到北京做了一个有名无实的陆军检阅使，这使得冯玉祥对于吴佩孚记下仇恨，伺机进行报复。这可以说是吴佩孚的犯下了的一个大错误，同时也种下了冯玉祥之后背直联奉的原因，导致直系以惨败而倒台。

第二次直奉战争正好为冯玉祥带来了一个相当难得的机会。早在第二次直奉战争的前奏，也就是江浙战争爆发的时候，冯玉祥就曾经请命对江苏进行援助，实际上是想要向东南谋划取得地盘与利益。可是，吴佩孚想要为孙传芳留下地盘，对于冯玉祥的要求没有答应。在直奉大战的过程中，吴佩孚也未曾将冯玉祥所率领的部队放到山海关的正面战场，而是将其安置在热河地区，目的就是为了不让冯玉祥对东北富庶地区进行染指。在分配军饷与枪械的时候，吴佩孚对待冯玉祥所率的部队有极其吝啬与苛刻。

各种因素加起来，更加激起了冯玉祥对于吴佩孚的怨恨，最后终于使得冯玉祥下定决心倒戈反叛曹锟与吴佩孚。

## 局势分析

冯玉祥在中国近代史上占据着极其特殊的地位，从清朝末年的革命浪潮到北洋时代的军阀混战，从反对蒋介石到抗日战争再到反对蒋介石，一直在中国政治舞台上活跃了 30 多年。向往和平是冯玉祥走向新民主主义中国的心理路程，同时也是中国民族斗争的一段非常灿烂的历程。

冯玉祥之所以会背叛曹锟与吴佩孚，发动北京政变，其主要原因就在于受孙中山进步思想的影响，反对直系军阀的统治。当他发动政变，将曹锟囚禁起来之后，就非常诚恳地邀请孙中山前来北京主持大局。尽管当时的孙中山身患重病，但为了国家的命运与前途，毅然选择北上，并且提出了与帝国主义、北洋军阀进行斗争的号召。虽然由于孙中山的病逝，他的两大号召没有真正地实现，但是却给直系军阀统治带来了毁灭性的打击。可以这么说，冯玉祥的倒戈加速了直系军阀的灭亡。

## 说点局外事

1924 年 10 月，冯玉祥倒戈反叛曹锟与吴佩孚，直系军阀政府倒台以后，中央政权暂时落到了冯玉祥的手中。他先后数次向孙中山发出要求，让其北上来主持大局，一同商讨国家大事。可是，因为冯玉祥毕竟势力孤单，力量薄弱，没有帮您发将整个局面掌控起来，于是不得不将已经蛰居天津数年的皖系军阀首领——段祺瑞抬了出来，以便很好地收拾局面。没多久，中华民国临时执政府宣布成立，段祺瑞担任临时执政。11 月，孙中山选择北上，并且发布了《北上宣言》，提出了将各人民团体召集起来参加的国民会议，谋划寻求国家的和平统一与建设。中国共产党对于孙中山的这一主张表示赞同。在离粤北上的路上，孙中山大力地宣传召开国民会议的重要性和必要性，派遣了数十个宣传员前往各个省份地区推动各地的国民会议运动。孙中山的这一主张也受到了全国人民的认可与拥护，就这样，国民会议运动和废除不平等条约运动聚集在一起，在全国的范围内迅速地开展起来了。

1924 年 12 月 31 日，孙中山抵达北京，可是，以段祺瑞作为首领的临时执政府为了阻止国民会议，谋划召开善后会议，想要利用善后会议生成国民代表会议，然后再利用国民代表会议将宪法制定出来，组建正式的政府，促使其统治走向合法化。对此，国民党表示强烈的反对，孙中山做出了国民党员不得参加善后会议的决定。

国民会议运动可以说是国民党与共产党共同合作的产物，是国民党与共产党一起领导人民群众向军阀以及帝国主义夺得解决国事权利的斗争，其运动十分广泛地宣扬了国民党与共产党的反对帝国主义反对封建主义的主张，在很大程度上促进了国民革命高潮的到来。

# 黎元洪总统下台的过程

在民国时期，黎元洪也是一个大人物，他曾经先后两次担任过民国总统。但是，其位置高并不是意味着其权利就大，"位尊而权不重"这几个字是形成黎元洪担任大总统时的处境的一种写真。尤其是黎元洪在第二次担任大总统的过程中，很多事情都是令他身不由己的。那么，对于他第二次担任大总统下台的过程，你了解多少呢？

在1922～1923年，黎元洪第二次担任民国总统，补足他首次做总统的任期。黎元洪的总统之位，是通过国会以及很多南下护法议员支持而得来的。这个时候，担任国务总理之职的张绍增曾是经过两院议会通过而任命的。

在黎元洪任期即将满了的时候，盘踞在直隶省保定的直鲁豫巡阅使——曹锟对大总统之位产生了觊觎之心，想着必须要想成为一国之元首。曹锟的势力主要分布在三个地区，分别为北京地区、天津地区与保定地区，从而形成了京津保三派：在北京地区的是以高凌霨内务总长与吴毓麟交通总长作为首领的；在天津地区的是以曹锐、王承斌前后担任直隶省长与边守靖直隶省省议会议长作为首领的，在保定地区的是以曹锟的巡阅使署秘书——长王毓芝作为首领的。这三派势力都对曹锟想要做大总统表示支持。当然了，在洛阳的吴佩孚的实力派也支持曹锟做大总统。

黎元洪在任期满之前，曾经对外宣布他绝对不会参加下届大总统的竞选活动。尽管虽然黎元洪已经这样做了，但是，曹锟依旧不放心，非常积极主动地进行布置，打算利用金钱将两院的国会议员收买，以担任参议院议长之职的吴景濂作为首领，为他做了这一次的交易，每个人一张选票可以得到5000元。

当了曹锟为了坐上大总统的宝座而不断忙碌的时候，正好遇到保定陆军军官学校第9期学生毕业，张绍增曾经以国务总理的身份作为总统的代表主办了这次的毕业典礼仪式。因为这批学生是1917年进入学校的，中间因为战事的原因而停课过，到了1923年春天才毕业。在1917年的时候，这批学生的开学典礼就是当初张绍增以陆军训练总监的身份主持举办的。

这次的毕业典礼除了要作为总统的代表对毕业学生进行训话、发放毕业证书以及赠送军刀之外，张绍增还有另外一个主要目的，那就是趁着这个机会前往保定地区，对曹锟进行劝说，让他不要利用金钱来贿选大总统，应该使用国会正式合法手续进行选举。既然黎元洪不参加总统的竞选活动了，那么，曹锟当选大总统的希望就很大了。可是，曹锟因为急着要取得成功，根本就不听从张绍增的劝告。与此同时，曹锟还认为张绍增这样做是为了将他稳住，担心张绍增是不是想要与他进行竞争，因为张绍增担任总理之职是两院议员全部同意支持的，曹锟觉得张绍增在国会的势力很多，有不少议员对他表示拥护。其实，事实并非如此，那一年张绍增才刚刚44岁，按照那个时候的选举法尚且不够年龄，根本就没有资格参加总统的竞选活动。

曹锟既然选择了通过贿选的方式来得到大总统的宝座，就一定要先撵走黎元洪。可是，要想将黎元洪撵走，就一定要先挤走担任国务总理的张绍增才可以实现。因为冯玉祥以陆军检阅使在北京地区驻守，冯玉祥与张绍增的关系非常亲密，所以，曹锟一派才会有所顾忌。

在此之前，这冯玉祥在河南地区将赵倜解决之后，曾经得到过张绍增的支援，组建了3个混成旅，其旅长分别为：李鸣钟、张之江与宋哲元，冯玉祥自己兼任第11师师长。那个时候，张绍增以陆军总长的命令，没有经过担任国务总理之职的汪大燮的批准，就同意了冯玉祥组建3个混成旅的部队。尽管军队很多，但是，没有什么地盘，所以，给养问题解决起来就说十分困难，他经常向黎元洪提出要求，让黎元洪帮助他想办法维持饷粮。尽管黎元洪也表示"有饭大家吃"，但是却没有什么好的办法能从根本上解决问题。

于是，张绍增就想着将一个税收机关——崇文门监督送给冯玉祥，将监督这个缺让冯玉祥系的薛笃弼来出任。张绍增经在国务会议上通过这个议案，把命令递交到了大总统府进行盖印，但是，黎元洪对此却拒绝签字。原来，从清工朝开始，崇文门监督税收机关的收入是归宫内的胭脂费用，向来都是被皇室独自享受的。到了民国时期，就变成了大总统府的收益。作为一种特殊的开支，张绍增要将这个税收机关送给冯玉祥陆军检阅使，黎元洪总统觉得，这对于大总统府的利益是相悖的，所以，才会断然拒绝这一个命令，坚决不愿意签署盖章，差点儿闹到张绍增的内阁总辞职。后来，在经过几次调停与折冲之后，答应每个月依旧交给大总统府 10 万元，黎元洪这才勉勉强强的答应。那个时候，崇文门监督每个月的税收可以得到 30 万元，给了黎元洪10 万元之后，冯玉祥依旧感觉军费不足，因此，冯玉祥非常不满意黎元洪的吝啬。

有一次，黎元洪前往航空署航空教练所给毕业学生举办毕业典礼颁发证书。张绍增程担任航空署厅长之职，陪同黎元洪一起去行礼。黎元洪在礼毕之后对张绍增程说道："我们一同去看一看冯焕章吧。"这个时候，冯玉祥正因为患上了小肠疝气而十分难受，得知黎元洪要来看他，还以为黎元洪这是在对他表示友好呢，相当高兴，由两个卫士架着，勉勉强强地出来相见。但是，黎元洪却对冯玉祥讥笑道："你这是在唱独木词的戏呢。"冯玉祥看到黎元洪马上向他抱怨起了他的军队生活实在太辛苦了，军士每天吃的都是小米饭，盼望着黎元洪能够给他的军队多一些粮饷。可是，黎元洪不仅没有对他病症进行安慰，反而对他当时的样子进行讥笑，并且说小米的营养价值是最高的，多吃一些头脑就会变得很清楚，我也非常喜欢吃。黎元洪的言外之意就是：你的军队能够吃上小米已经非常不错了，再想要增加粮饷，那是不可能会发生的事情。从此之后，冯玉祥就更加憎恨黎元洪。

在京津保三派曹系的人马来回进行奔走，牢笼关系的时候，即将那些猪仔进行收买的工作初步取得成功的时候，以担任众议院议长之职的吴果旅作为首领的议员们突然对张绍增内阁提出了不信任案，将张绍增挤了下去。张绍增得知之后，还想着将参众两院对于他的攻击挽回，邀请一些比较重要的人吃饭，以便进行疏通。请帖已经发出去了，宴席已经预备好了，张昭增临时将全体阁员召集起来开会，使用辞职的方式从北京地区离开，前往天津地区，以便进行要挟。

京派阁员高凌霨和吴毓麟表面上说要与张绍增一起进退，但是在散会之后，就对张绍增不合作。在没有正式举办宴会的时候，请帖就被收了回来，请客的举措也作罢了。原定所有阁员一同离开北京，到那个时候，仅仅只有张绍增一个人到站赴津，只有国务院骑墙派的秘书长——张廷谔随行。张廷谔陪着张绍增，将他送到天津地区，敷衍了一下后，就返回了北京地区。张绍增到了天津地区以后，黎元洪还派遣总统府秘书黎澍前往天津，劝导劝他返回北京。不过，张绍增却对黎澍说道："请你转告大总统，北京地区的情形过于复杂，我不想再回去了。"就这样，张绍增就被曹锟派挤了下台。

这个时候，黎元洪居住在东厂胡同的私宅中。因为曹锟太着急地想着做大总统的美梦，京派重要人物对黎元洪再次施以粗暴而无礼的压力，切断了黎元洪的住宅的水电线路，对黎元洪造成了严重的威胁。1923 年 6 月 30 日，黎元洪美誉哦办法，就在自己的私宅客厅中由李根源农商总长签字，将张绍增的国务总理的职务罢免了。黎元洪在被围的时候，李根源每天都去黎元洪的住宅，说是要对共同的安全加以保护，可是，他不是武人，也没有卫士，仅仅带着他所捧的程砚秋前往黎元洪的住宅保驾。最为滑稽的是，黎元洪在将张绍增的国务总理的职务免除的同时，还将各个省份的督军督理与各个省份的巡阅使及巡阅副使全部撤销，这是不可能行得通的。他之所以会这样做，仅仅是为了展现他作为总统拥有这一项特权而已，只是一种没有任何不作用的泄愤行为罢了。

张绍增的国务总理被罢免了，除了李根源之外，张昭曾内阁的所有阁员都罢免了官职，以及将各个省份督军督理巡阅使与巡阅副使撤销的命令发出去了，曹锟派驱黎元洪运动的声势更加高涨，曹锟与黎元洪已经形成水火不容，到了完全对立的地步。在此之前，曹锟派对冯玉祥进行拉拢，许诺给他粮饷、商官地盘等。孟宇翔因为对于黎元洪的咨啬十分不满意，这个时候，看到对他表示支持的张绍增也明令除去了官职，于是，在对待黎元洪上也变得不客气起来，于是，就派遣兵马将黎元洪的住宅包围，声称是利用武装进行保护，但是依旧加紧索要粮饷。这样一来就实现了曹锟派的驱赶黎元洪必定先去除张绍增的目标。倘若张绍增不去，以冯玉祥和张绍增之阿金的关系，冯玉祥对于黎元洪还是有所顾忌的，不愿意对黎元洪下手的。现在，知道张绍增绝对不会再回到北京地区，冯玉祥就开始放手干了，使曹锟派的愿望得

以满足，更是他对于黎元洪的愤恨得以满足，曹锟派利用冯玉祥实现了一箭双雕的计谋。如此一来，就更使得张绍增坚定了不再回到北京的想法。

曹锟如此对黎元洪进行逼迫，黎元洪的这个总统之位实在保不住了，不仅如此，而且就连在北京地区居住可能也无法实现了。黎元洪第二次担任大总统，一直没有进入总统府，只是以总统的名义行使着总统的职责与权利，居住在自己私人的住宅中。他在将张绍增的国务总理职务罢免之后，让李根源开始代理国务总理之职，与李根源计划准备从天津地区南下，另外组建政府。李根源在黎元洪离开北京地区之后，不敢与黎元洪一起走，就骑着马到丰台上火车前往天津地区。

黎元洪将总统的印信交给了自己的宠妾黎本危，让其带着总统印信前往东交民巷德国医院藏起来，而自己先乘坐专车前往天津地区。他刚刚走就促使京津保三派的密切关注，北京方面曹锟派给担任直隶省长之职的王承斌发电报，命令其前往天津车站组织黎元洪从车上下来，并且向黎元洪索要作为总统印信的国玺。王承斌与黎元洪刚开始交涉的时候，黎元洪不愿意将总统印信交出来，就说"我也不知道总统印信在哪里"，还说"我还没有辞职，只不过是到天津办点私事，事情办完了，依旧要返回北京地区供职的"。双方花费了 4 ～ 5 个小时，就是不允许黎元洪下车。王承斌对黎元洪说："只要交出总统的印信，您就马上可以下车进入租界的住宅，所有事情都没有任何问题。"

这个时候，北京方面曹锟派命令京师警察总监薛之珩前往东交民巷德国医院寻找黎本危，并且向她索要总统印信。黎本危也不愿意将总统印信交出来，并且对薛之珩说："你这个人真的是太没良心了，总统待你那样好，你怎么能够如此对我们进行逼迫呢。"又说："没有总统的允许，即便是死，我也不会交出来的。"

黎元洪在车上考虑着在这种情况下，事情是不可能再拖延下去了，于是，就车站给黎本危打长途电话，让她将总统的印信交出来。在得到黎元洪的允许之后，黎本危才将薛之珩叫进了屋内，然后将总统的印象交给薛之珩。等待总统的印信到手之后，北京方面才通过电报告诉天津方面，将黎元洪放了。

## 局势分析

黎元洪可以算得上是一个家喻户晓的大人物，曾经先后2次担任总统之职，但却位尊而权不重，名高而实不符，人不微却言轻。在黎元洪第二次担任总统之职期间，曹锟等人窥视民国大总统的宝座，实施了非常"聪明"的计谋，开始对付一切对他成为大总统的道路上的障碍。黎元洪虽然在总统任期将满的时候，宣称不参加下一届总统竞选的活动，但是他的内心还是喜欢并渴望这个位置的。但是，很多人都支持曹锟做总统，对他进行逼迫，所以，他才产生了另外建立政府的想法。然而，他的性格比较软弱，总统印信被夺走了，他的愿望最终失败了。

从这件事情上，我们可以看出，在当时的社会中，总统的竞选表面上是公平的，实际上隐藏着很多黑暗的东西。另外，能够当选总统的人，并不一定都是拥有杰出才能的人，或者是为国为民的人。在多种势力的竞争之下，谁赢了，谁就是民国的总统。

## 说点局外事

在辛亥革命时期，黎本危原本只是汉口大智门的一个妓女，而黎元洪是前清的一个协统。他原本并不是想闹革命，因为革命党人想要对他的地位加以利用，就强制性地让他出任了都督之职，想要以此来号召反对清王朝。

黎元洪这个人非常担心，就像小老鼠一样，没有一丁点儿的担当。得知革命党人找他，他就躲在黎本危的家中，怎么都不愿意出来。等到革命党人找到黎本危的家中时，黎元洪干脆躲进了黎本危的床底下，革命党人将他从床底下拖了出来，黄袍加身，强迫他一起干大事。在无可奈何的情况下，他才勉勉强强地算是加入了闹革命的队伍中。

从此以后，黎元洪就开始飞黄腾达，从大都督之职而副总统、大总统，甚至坐上了中国统治者的宝座。因此，他觉得自己的荣华富贵与黎本危有着密不可分的关系，是黎本危命中带给他的，所以，黎元洪才会如此地宠爱黎本危，使其成为了自己的专宠。在黎元洪的家庭中，黎本危与黎元洪原配夫人的孩子相处得都十分不和睦。在黎元洪死了之后，黎本危就搬到了青岛地区居住。

# 孙中山逝世

孙中山可是民国时期一个非常了不起的人物，他曾经不仅带领着人民进行民主革命，而且还创建了中华民国，对于中国社会的发展做出了巨大的贡献。但是，这样一个伟人在 1925 年 3 月 12 日不幸去世了。你知道孙中山逝世的整个过程吗？

1924 年 1 月，中国国民党"一大"在中国广州地区召开，孙中山选择接受来自中共与苏俄的帮助，对国民党进行改组，实施联合苏俄联合共产党的政策，广东地区慢慢地变成了国民革命的中心，全国的革命力量都汇集在这里，没多久就开创出了反对帝国主义反对封建主义的革命新局面。1924 年 10 月，冯玉祥在北京地区发起政变，将直系军阀的统治推翻了。随后，他与奉系军阀——张作霖联合起来，推选段祺瑞出来担任临时执政。与此同时，他们还向孙中山致电，邀请孙中山北上一起商讨国事。

这个时候的孙中山已经身染重病，但是为了祖国的明天，他最终还是毅然地选择了北上，并且提出了两大号召——"召开国民会议"与"废除不平等条约"，与帝国主义、北洋军阀进行斗争。1924 年 11 月 12 日，在夫人宋庆龄的陪伴之下，孙中山正式出发，绕道日本，拉开了北上之行的序幕，于 12 月 4 日抵达天津地区。

因为一路上不断的颠簸以及北方的气候比较寒冷，孙中山所患有的肝病复发了。于是，他一方面积极主动地接受治疗，一方面与京津各方面的人士进行见面，打算 12 月 22 日进入北京。12 月 18 日，孙中山得知段祺瑞执政府对于近代以来的不平等条约给予承认以后，非常失望，其病情也随之恶化。段祺瑞再一次给孙中山致电，催促他前往北京。12 月 31 日，孙中山终于到达北京，受到广大人民群众非常热烈的欢迎，随后前往北京饭店入住。

1925 年 1 月 26 日，孙中山通过检查正式被确诊为肝癌，并且在北京协和医院接受手术治疗。2 月 18 日，孙中山从北京协和医院移居到了铁狮子胡同行馆，也就是现在的北京市张自忠路 23 号，接受中医的治疗。从此以后，尽管孙中山一直非常积极地配合中西名医多方面的治疗，但是，最终还是回天乏术，无药可医。3 月 11 日，孙中山自己知道自己在这个世界上没有多少时间了，就由夫人宋庆龄扶着，签署了《国事遗嘱》与《家事遗嘱》。其中，《国事遗嘱》全文的具体内容如下：

余致力国民革命凡四十年，其目的在求中国之自由平等。积四十年之经验，深知欲达到此目的，必须唤起民众及联合世界上以平等待我之民族，共同奋斗。现在革命尚未成功，凡我同志，务须依照余所著《建国方略》《建国大纲》《三民主义》及《第一次全国代表大会宣言》，继续努力，以求贯彻。最近主张开国民会议及废除不平等条约，尤须于最短期间促其实现。是所至嘱！

孙中山的一生都在为革命事业进行奔波，从来不会谋取私人利益，在临死的时候，他留下来的私人财产，除了书籍与衣物之外，就仅仅只有一座华侨赠送给他的上海住宅，也就是现在的上海市香山路7号中山故居。孙中山在《家事遗嘱》当中这样写道：

余因尽瘁国事，不治家产，其所遗之书籍、衣物、住宅等，一切均付吾妻宋庆龄，以为纪念。余之儿女已长成，能自立，望各自爱，以继余志。此嘱。

孙中山在《国事遗嘱》与《家事遗嘱》上面签完字之后，他的英文秘书——陈友仁把事先准备好的《孙中山致苏联遗书》拿给他。这篇遗书是由孙中山本人用英文口授，鲍罗廷与陈友仁用笔进行记录的，这个时候也由孙中山进行补签。在这个遗嘱中，孙中山说，期盼着中国与苏联"两国在争取世界被压迫民族自由之大战中，携手并进以取得胜利"。这一天下午，孙中山的精神仿佛变得好了一点儿，又和他的夫人宋庆龄以及汪精卫等人进行谈话，表示在死了以后愿意像列宁那样将遗体保留下来，并且愿意葬在南京紫金山。他这样说道："因为南京是临时政府成立的地方，因此不能够忘了辛亥革命。"他还认真地嘱咐夫人宋庆龄，希望她可以代替自己前往苏联进行访问。

3月12日上午9点30分，孙中山因为疾病离开了这个世界，终年仅仅只有59岁。3月19日，孙中山的灵柩被移到了中山公园，有数不清的人前去致祭。4月2日，孙中山出殡，孙中山的灵柩暂时放在西山碧云寺石塔当中。前来参加送灵到西直门的群众高达30多万人，其中，有2万多人步行将孙中山送到了西山。1929年5月26日，孙中山的灵柩从碧云寺移到了南京地区，

6月1日，孙中山被安葬在紫金山。

## 局势分析

孙中山是中国民主革命的先驱，同时也是中华民国的创立者，他的去世是中国革命事业的一个重大损失，对那个时候正在进行的民族革命产生非常广泛的、多方面的巨大的影响。孙中山的去世，不但使得由他一手创立起来的广东革命根据地陷入了十分危险的处境中，而且更为严重的是，促使国民党的内部展开了为了争夺继承权而战的斗争，国民党处于加剧分化当中。

孙中山去世没有多长时间，社会上就开始流传孙中山的去世会对国民党的团结产生不利的负面影响的消息，这也充分地反应了社会各界人士对于孙中山逝世可能致使国民党没有办法进行整合以至于分裂的一种担忧。

## 说点局外事

孙中山逝世之后，其灵柩暂厝在北京西山碧云寺当中。1925年11月23日，国民党右派分子邹鲁、谢持、林森、居正、张继、沈定一、石瑛、石青阳以及覃振等人，从革命大本营广州离开，来到北京西山碧云寺孙中山的灵前，召开了不合法的国民党一届四中全会，公然对孙中山"联合苏联联合共产党"的政策表示反对，历史上称为"西山会议"，这批人也被人们叫作"西山会议派"。

该会议从1925年11月23日起，直到1926年1月4日，前后持续了42天的时间，在此期间一共召开了22次的会议。这次决议的主要内容是：与共产党进行分离，将共产党的国民党籍取消；使广州中央执行委员会职权得以停止，将中央党部迁移到上海，对中执委常委与中央党部各部部长人选进行改组，将中央政治委员会取消；对将要召开的国民党"二大"代表选举方法进行修改；将汪精卫党籍开除6个月，将其中执委职务解除，并且规定他不能在国民党执政区域的政府机关工作；将鲍罗廷解雇。会议还特别进行提醒，倘若不在国民党中实施"清党"，那么，可能再过1年的时间，青天白日的旗帜，就一定会变成红色的了。

在会议召开的期间，"西山会议派"对外宣称在上海建立"国民党中央党部"，在北方等地区成立地方党部。

1926年1月，由于国民党左派以及中国共产党的大力支持，在广州举办的中国国民党第2次全国代表大会，通过对"西山会议派"的决议案进行弹劾，给予了邹鲁与谢持等人相应的处罚。

# 徐世昌担任总统

大家都知道，在北洋时期，中国社会正处在一种各个军阀相互混战，武人专权的状态中。然而，就在这一段时间内，有一个名字叫作徐世昌的文人坐上了民国大总统的宝座。试想一下，在一个武人当权的时代中，一个文人居然能够拥有一国之元首的高位，这是为什么呢？那些武人为什么会允许呢？想要正确解答这些问题，我们还得从那个时候中国政局的具体情况说起。

张勋复辟遭遇失败以后，直系军阀首领——冯国璋代理民国大总统之职，而皖系军阀首领段祺瑞则再一次担任国务总理之职，从而构成了直皖合作主导的政治新格局。然而，好景并没有维持多长时间，因为冯国璋和段祺瑞的关系并不和睦，两派之间不断地发生各种各样的明争，不过，总体说来，皖系占据着优势的地位。于是，段祺瑞便开始计划如何对冯国璋进行排挤，因为唯有将冯国璋除掉，才能够让皖系独自掌握北京政权。按照1913年10月公开的《大总统选举法》，大总统的任职期限为5年，从1913年10月10日袁世凯担任大总统之职开始算，本届大总统任职期限到了1918年10月9日就应该届满了，这就给了皖系以改选总统来对冯国璋进行排挤的"法理"依据。

那么，继冯国璋以后，由什么人担任总统之职呢？鉴于南方护法军政府非常强烈的反对与北洋派内部复杂的关系，段祺瑞最终决定采用"以退为进"的策略，于是就在1918年8月对外很明确地表示，自己不想做总统，但是实际上北京政府的控制权却被他牢牢地掌握在手中。直系首领冯国璋进入北京担任总统以后，受到了皖系巨大的压迫，也觉得做民国的大总统没有什么乐趣，不想再看着人家脸色过日子，不愿意再听从别人的摆布，所以，就萌发了引退的心。这样一来，皖系首领与直系首领都从总统的竞选退了出来，于是，大总统的位子就落到了北洋老官僚——徐世昌的头上。

徐世是天津人，在光绪年间考中进士，被授予翰林院编修，后来又做过国史馆协修与武英殿协修等职，具有很好的文人风范。可是，他也具有一些的"武装"经历，从袁世凯小站练兵起，徐世昌就是袁世凯的重要谋士，被称为"北洋军师"。从清朝晚期到民国时期，徐世昌长久在官场生存，他很会做人处事，懂得如何笼络各方人士的心，能够随机应变地对待所遇到的情况，以其与各个派别的历史渊源与人脉关系而在皖系、直系以及奉系之间进行周旋。

1916 年 6 月，袁世凯称帝失败之后，徐世昌前往河南辉县百泉山进行归隐，对外宣称愿意在田园终其一生，自己将自己居住的地方叫作"水竹邨"，而且还自号"水竹邨人"。1916 年 11 月，也就是徐世昌归隐田野好几月以后，黎元洪和段祺瑞之间出现了"府院之争"，一直相持不下，不能打破僵局，双方都愿意让徐世昌出山，从中间进行调解，就委托专人前往河南辉县接迎徐世昌。徐世昌非常高兴地来到了北京。此次调停的最终结果为，总统府方面的孙洪伊以及国务院方面的徐树铮都被罢免了官职，就这样，"府院之争"告一段落。事情处理完毕以后，徐世昌依旧想要重新返回河南辉县，但是双方执意对徐世昌继续拧挽留，于是，徐世昌就近移居到了天津。由此可见，徐世昌成了各方势力都可以接受的人物，也变成了缓和皖系与直系之间茅盾的最佳总统人选。

于是，皖系就马上非常认真地筹备总统选举的相关事情。在那个时候的国会中，皖系段祺瑞掌握的安福系议员占据着绝大多数，被人们称为"安福国会"。1918 年 8 月 27 日、8 月 29 日，安福系议员在众、参两院提出请求，要求速速举行总统选举。8 月 31 日，两院联席会议最终做出了于 9 月 4 日举办总统选举的决定。9 月 4 日，总统选举会正式开始，在一共 436 张选票当中，徐世昌获得了 425 票，以绝对的优势当选为民国的大总统。10 月 10 日，徐世昌就职。

徐世昌在担任总统之职的 3 年多的时间中，极大倡导以文辖武，废督裁兵，被人们叫作"文人总统"。在对待南北各个派系的首脑上，徐世昌承认他们的实力，确定他们的地盘，并且授予他们比较高的官职；继而实施裁兵，将兵权集中到中央，各省省长全部都由中央改派文人进行主持。然而，各个派系的军阀只知道尽可能地扩兵争权，非常蛮横地对政事进行干预，怎么可能容得下徐世昌实践其文治理念，因此，在徐世昌担任民国总统期间，中国仍然处在军阀混战、政争迭起的状态中。

在徐世昌担任民国大总统期间，钱能训为第一任内阁总理，可是钱能训内阁疲于应付南北和议、胶东问题以及学潮等，而且还遭到了皖系段祺瑞的排挤。于是，1919年6月，钱能训辞去了内阁总理之职，由财政总长龚心湛暂时代替。对于内阁总理的继任人选，徐世昌原本是比较看好他的老朋友周树模的，但是，段祺瑞对此表示强烈的反对，在万般无奈的情况被迫在原有阁员中挑选人选出任此职，最后，由陆军总长靳云鹏担任内阁总理。

1920年5月，靳云鹏因为对于日本提出的直接交涉山东问题的要求表示反对，将段祺瑞得罪了，最终在不得已的情况辞职了。靳云鹏辞职以后，徐世昌先让海军总长萨镇冰兼代内阁总理之职。

没过多长时间，直系与皖系之间的战争爆发了，最终直系胜利，皖系失败。同年8月，在张作霖与曹锟支持之下，靳云鹏再次复出组建内阁。1921年12月，靳云鹏内阁辞职，徐世昌就用外交总长颜惠庆暂时代替其职务。随后，在张作霖支持之下，梁士诒继任内阁总理之职。1922年1月，徐世昌再用颜惠庆暂时代替，后来又让周自齐暂时代替内阁总理之职。1922年4月，爆发了第一次直奉战争，最终直系胜利，奉系失败，直系首领曹锟与吴佩孚强行逼着徐世昌下台。同年6月，徐世昌对外通电表示自己正式辞职。

## 局势分析

作为一个文人，徐世昌之所以能够当选民国大总统，实际上是皖系施行"政治倒冯"方针下的产物。徐世昌出任民国大总统之后，便开始实践其文治理念，但是却遇到了种种阻碍，没有得到众人的认可与支持。在后来的直系与皖系之间的斗争中，徐世昌尽可能地采取不明显偏袒或者支持一方的态度，

尤其是在直系与皖系的战争中始终保持中立的态度，这也成了皖系兵败，段祺瑞被逼着下台的一个非常重要的原因。不过，徐世昌出任民国大总统，在很大程度上缓解了直系与皖系的针锋相对。不过，由于当时是武人专权的时代，徐世昌注定不可能在大总统的位置上待太久。因此，在他担任了3年多的总统之后，就被赶下来台。

## 说点局外事

1917年7月1日，张勋复辟，将民国元年的国会，也就是第一届国会解散了。7月12日，段祺瑞将张勋复辟摆平以后，再一次担任国务总理之职，将北京政权控制在自己的手中。可是，由于民元国会曾经对段祺瑞对德宣战表示反对，因此段祺瑞拒绝将国会恢复。1918年，为了阻止孙中山等人于广州地区召集的非常国会，段祺瑞经常慎重考虑决定重新制定新国会组织法，重新对国会议员进行选举。为了令国会变成自己御用的机构，段祺瑞命令自己的部属王揖唐、徐树铮等人对此次选举进行谋划与包办。在北京安福胡同，他们组建俱乐部，对不少政客、议员进行拉拢，人们将这些人称为安福系。此次议员的选举，湖北、湖南以及陕西3个省份由于战乱的原因，选举没有办法正常地举办；广西、广东、云南、贵州以及四川5个省份则都对选举表示反对，实际上，仅仅只有10多省份举办了选举，而且选举期间产生了很多腐败作弊的现象。此次选举最终的结果为，安福系得到了大多数选票，其次就是交通系与研究系。

1918年8月12日，所谓的第二届国会开场，参议院168位议员，选举安福系头目王揖唐作为参议院议长，选举刘恩格作为副议长；众议院406位议员，选举交通系头目梁士诒作为众议院议长，选举朱启钤作为副议长。在参、众两院574位议员当中，安福系政客占了330个名额（另外也有说是380个名额的），因此，这一届国会又被人们叫作"安福国会"。同年9月，国会正式推选徐世昌作为民国大总统，以便接替冯国璋的职务。1920年7月，直系与皖系之间爆发了战争，最终直系胜利，皖系失败，直系将北京政权控制在手中。同年8月，安福国会就被解散了。

# 杜月笙的"维权"生涯

说起杜月笙，可能有些人不太熟悉，不过，他却真的是一个曾经轰动整个上海的大人物，无人不知无人不晓，当时，就连 3 岁的孩童都认识他。那么，你对杜月笙了解多少呢?

杜月笙是旧中国上海著名的帮派——青帮的龙头老大，同时他也是上海滩非常有名的"闻人"。根据名声显赫的报人徐铸成所说的话，只要是流氓的头子、帮会的头目，无论你拥有多么大的声势，你也只可以称为"大亨"，上海滩能够称得上"闻人"的人只有那么几个人而已，而杜月笙就属于其中之一。

既然杜月笙是一个帮会的头目，那么他一定会做一些像走私贩毒、包娼包赌等活计，而且，他应该还拥有着相当广的人脉，可以算得上是手眼通天。因此，那个时候整个中国的军政要人与帮会同道，甚至是土匪马贼等都会给他几分薄面。

据说，在当时的那个社会中，倘若谁有什么特别紧要的东西丢了，那么，最好就是前往青帮找杜老板帮忙;倘若杜月笙答应了帮忙，那么无论这东西丢在什么地方，最终都是能够物归原主的。在中国上海地区，不管什么时候，只要杜月笙走进哪一个舞厅，那么，这个歌厅的所有人就会立即停下来，用非常恭敬的眼光看着他，而这个歌厅的乐队也会立即改奏迎宾的曲子。

当然了，倘若杜月笙只有这些本领，那么他也是不能担得起"闻人"这两个字的。杜月笙的本领就在于他常常能够做一些好事。在中国上海地区，基本上每一所大学，杜月笙都是校董，这就使得他经常会大笔地向学校捐钱。只要有点样儿的公益活动，杜月笙都会积极主动地参与其中。在各类慈善募捐当中，认捐的前几名一定会有他杜月笙的名字。不管你是不得志的政客也好，还是十分落魄文人也罢，只要你有足够的名气，那么到了中国上海地区，那么，杜月笙都愿意养着你，送给你房子，赠送你钱财，而且给得还非常地巧妙，不会让你产生是在吃他赏赐下来的饭的感觉。鼎鼎大名的段祺瑞与杨度人都曾经吃过杜月笙的饭，被杜月笙养着过。

杜月笙之所以会有相当大的名气，还在于他在与上流社会进行交往的过程中，并没有将自己帮会最开始的宗旨忘掉，总是会用一种比较特殊的方式来为某一部分下层百姓争取利益，所以，在那个时候中国上海地区的普通百姓的眼中，杜月笙拥有着非常好的口碑。那个时候的上海，无论你是在街头讨生活的小贩，还是流浪街头的流莺，遭受了他人的欺负，如果你有足够好的运气，让杜月笙知道了你的遭遇，那么杜月笙就会站出来为你出头，而且最终一定会给你一个能够说得过去的说法。

当处于国民党政府操纵之下的黄色工会不再为广大的工人说话或者组织罢工的时候，杜月笙以及他的门徒就主动站出来承担起了这个比较麻烦的买卖，所以，20 世纪三四十年代的不少工人罢工运动，都有着帮会作为其背景。尤其是那些处在社会最底层的码头工人以及人力车夫的"维权活动"等，都没有一个例外地获得了杜月笙的肯定与支持。

为了对这些罢工运动表示支持，杜月笙有的时候甚至会不惜冒着与政府当局闹翻的危险。从某种意义上说，杜月笙之所以会在抗日战争爆发以后，在国民党政府那边变得越发得失势起来，在 1948 年甚至连他的亲生儿子也由于所谓的破坏金融秩序罪名被抓了起来，有很大一部分原因就是杜月笙这种为工人"维权"的行为所导致的。

## 局势分析

对于一个国家来说，当政府当局，特别是警察以及司法部门不再能对社会秩序进行维护，不再能还生活在社会下层的老百姓一个最起码的公道的时候，社会下层百姓就会向黑社会求助。在这种情况下，黑社会也很自然地就会以下层社会的执法者的身份出现，在许许多多的场合担任裁判之职，虽然在某种程度上他们本身就是对社会秩序进行破坏的人以及对社会下层的百姓进行压迫的人。只要是有人群的地方，就一定会需要某种秩序，就一定会有人在寻找公道，倘若政府没有做好自己的本职工作，那么自然就会出现替代者。在旧中国时期的各种乱象，在很大程度上就源于此。

## 说点局外事

杜月笙曾经先后迎娶了5个女子，分别为：沈月英、陈帼英、孙佩豪、姚玉兰以及孟小冬。其中，杜月笙与他的五太太孟小冬之间有一段令人难忘的爱情故事。

孟小冬是北京人，从事京剧表演，在当时已经小有名气，而他的四太太姚玉兰就是五太太孟小冬的师姐。其实，杜月笙早在1925年就已经对孟小冬产生感情了。尽管在1929年杜月笙迎娶了姚玉兰，但是仍然念念不忘孟小冬，总是希望能够有机会与她接近。

1936年，杜月笙邀请孟小冬为黄金大戏院的揭幕进行剪彩，然后在这里演出20多日。因为孟小冬与姚玉兰的关系非常好，所以演出的过程中，孟小冬理所当然地住到了姚玉兰的地方，这样一来，杜月笙与孟小冬就有了很多接触的机会。

在抗日战争的过程中，杜月笙移居到了中国香港。因为杜月笙一直念念不忘孟小冬，所以对她的事情就格外上心。在日本侵略者的统治下的北平，孟小冬依靠着坚强的意志，出众的才气以及对艺术的执著追求，终于在余派有了非常高的地位。杜月笙在非常钦佩、爱慕孟小冬之余，又特别怜惜她所遭遇的甘苦。所以，在1946年，已经回到沪上的杜月笙，又让总账房——黄国栋给孟小冬写信，催促孟小冬南下。孟小冬因为太思念自己的好朋友姚玉兰，也就没有再推托。

当孟小冬与姚玉兰等人相见之后，姚玉兰对她嘘寒问暖，杜月笙也对不露声色地表现出自己的敬重与体恤，让她深深地感受到了好几年都没有感受过的温暖，孟小冬那孤独而没有依靠的心灵又找到了依托。对于杜月笙好几年来的情深意重，孟小冬非常感激，再加上姚玉兰在一旁极力地进行撮合，所以，这次赴沪没有多长时间，孟小冬就对杜月笙以身相许了。1949年，在上海解放的前夕，孟小冬跟着杜月笙一家人迁居到了香港地区。

这个时候的杜月笙早已经过了盛年，已经是一个生了病的"老头子"。孟小冬自从进入了杜月笙的家门之后，就自然而然地担负起了照顾杜月笙的责任。而照顾生病的杜月笙似乎成了孟小冬不能推卸的责任，因为对于已经病

入膏肓的杜月笙来说，孟小冬的相伴已经成了必不可少的安慰。

自从进了杜公馆之后，孟小冬始终表现得沉默寡言，漠然地处理所有看不惯、听不得、受不了的事情。但是，在1950年的一天，傲气的她在不得已地情况下，淡淡地说了一句非常重要的话。

那一天，杜月笙在全家人面前，计算着迁法需要护照多少张，当他算出的结果27张的时候，孟小冬非常淡然地说道："让我也跟着去，那我到底是算丫头呢？还是算女朋友啊？"一语将实情道破了。杜月笙听完愣住了，片刻之后，他大声宣布尽快与孟小冬完成结婚仪式。当天晚上，杜月笙从他那几乎离不开的病榻上下来，在他人的挽扶之下，做起了新郎；而孟小冬的脸上带着幸福的笑容。毕竟他们之间有了一个女儿杜美娟，杜月笙就对孟小冬负有责任，就应该给孟小冬一个名分。

# 军统戴笠之死

在民国时期，戴笠可是一个不好惹的大人物，他不仅是国民党军统局的局长，而且也是国民党特务的老大。可以这么说，只要戴笠跺跺脚，社会上就会刮起一场令人汗颜的大风暴。但是，你知道戴笠是怎么死的吗？

1946年3月17日，戴笠坐着专机从中国青岛飞往中国南京。戴笠所乘坐的这架飞机是由美国C-47型运输机进行改装而成的客机，是国民党航空委员会专门调拨给戴笠使用的飞机。因为这种飞机的机型有着非常好的飞行性能，所以，在第二次世界大战彻底结束以后，艾森豪威尔曾经将其称为美国获得这场战役的3个重要工具之一。然而，世事变化莫测，人的祸福就在旦夕之间。南京的上空布满了厚厚的乌云，再加上雷电交加，连续不断的大雨，飞机和地面进行联系的时候，地面人员劝导其另寻机场进行降落。戴笠在万般无奈之下转向飞往上海，但是上海依旧下着瓢泼大雨，没有办法降落。于是，飞机又调转方向飞往徐州准备降落，后来，撞上了岱山，飞机上的所有人员都死了。

军统头目戴笠死了，国民党一部分上层官员暗中非常高兴。在国民党统治时期，中国政治分为很多派系，相互之间明争暗斗，局势十分动荡，各种扑朔迷离的死亡案件频繁地出现。戴笠的死亡到底是单纯的坠机事件，还是有人蓄意计划的谋杀案件呢？曾经的风云人物戴笠的死亡，也变成了一桩难以解开的历史谜案。想要将这个谜解开，就要从戴笠以及其军统特务组织开始说。

戴笠，原本的名字叫戴春风，是浙江江山人。在早年期间曾经是浙军周凤岐部的一名小兵，后来从部队脱离出来来到了上海，认识了蒋介石以及戴季陶等人。

1926 年，戴笠参加了国民党，并且同一年进入了黄埔军校进行学习，毕业之后做了蒋介石的侍从副官。1928 年，戴笠担任国民革命军总司令部联络参谋之职，负责管理情报工作，开始通过不断的摸索来建立国民党特务组织。从此之后，戴笠就开始慢慢组建他的特务组织系统，也就是后来的军统，这也标志着他一生的特务生涯的开始。

国民政府军事委员会调查统计局为军统的全称，而中华复兴社特务处为军统的"家底"。1932 年 4 月 1 日，蒋介石给戴笠颁发命令，让其组建了该处，并且使其担任处长之职。1938 年 3 月，军事委员会调查统计局第二处扩编为军事委员会调查统计局，复兴社被一并归入其中，军统就此正式成立了。

军统局内勤组织总共包括 8 处、6 室与 1 所；外勤组织在各个城市都设立着"区"，在各个省份都设立着"站"，在某些比较重要的城市还设立了"特别组"，其中的每一个成员都是职业特务。军统局主要负责管理军队、宪兵、警察部门以及对外的情报安全工作，但是因为军统局刚成立没有多长时间，国民政府就向西迁到了重庆，其形势就变得十分严峻，军统局也担起了一部分比如对行政机关、交通以及金融等非常重要的部门的监控的责任。这样一来，在以后就与中统的权限产生一定的冲突。在抗日战争期间，军统局发展得很快，人数迅速地上升，遍布国民党的军队、警察以及机关，甚至是驻外使领馆，并且在敌后施行了很多破坏活动与暗杀活动。

军统特务做的那些放火、暗杀等勾当，数都数不清楚。比如，对民权运动斗士杨杏佛进行暗杀，对报界名流史量才进行暗杀，对抗日名将吉鸿昌进行暗杀。除此之外，还曾经对军阀张敬尧、石友三以及汉奸王克敏等人进行暗杀。很有趣的是，天天盘算着怎样暗杀别人的军统头目戴笠，最终却死于非命。

根据一个外国记者的回忆，戴笠可以算得上是一个隐面人，经常躲藏在房间的暗处，而其他人则处在明处。在戴笠的领导下有一个在敌后工作的美国战略情报局人员曾经说道："戴笠的身材属于中等，十分壮实，外表既粗犷又强硬，有着军人的干练劲。他的脸庞轮廓比较分明，目光极其尖锐，给人一种咄咄逼人的感觉，另外，他还有一张利嘴。"在20世纪40年代，对于在中国的大部分的外国人而言，戴笠可以称得上是一个具有传奇色彩的人物，给人一种睿智而富有想象力，残忍而又不择手段的印象。在蒋介石统治时期，戴笠曾经想要通过铁腕来将整个中国统一。

关于戴笠到底是因为什么而死的，大致有3种说法：第一，担任军统北平站长之职的马汉三在飞机上安装了炸弹，最后将戴笠置于死地；第二，蒋介石谋划的十分周密的暗杀活动，因为戴笠知道了太多关于蒋介石的秘密。第三，由于气候方面的原因，飞机撞击到了大山而失事。可是，事实的真相究竟是什么样子的呢？我们就不得而知，这个案子已经成了千古之谜了。

戴笠死了之后，军统局进行了相应的改组，其公开特务武装部分和军委会军令部二厅合并成了国防部第二厅，由郑介民担任厅长之职；秘密核心部分构成了国防部保密局，由毛人凤担任局长之职。1949年，军统的主要机构撤退到了台湾。

## 局势分析

用后世的眼光来看戴笠，他可以算得上是情报界比较少见的天才了，他自学成才，一手创建了一个以他作为核心的巨大情治机关——军统局。在抗日战争时期，军统局的敌后谍报侦搜工作与中美情报合作为战争最终取得胜利作出了非常重大的贡献。不过，军统局也会执行一些蒋介石没有办法公开解决的任务。比如，1934年，在沪杭道对上海《申报》主持者——史量才进行刺杀。戴笠除了会对付共产党以及其同情者之外，还会出手对付国民党内蒋介石正派系的政敌，日本人以及与日本人合作的汉奸等。

在国民党与中华民国方面，因为戴笠效忠于蒋介石，与上海青帮老大杜月笙的关系比较好，所以，在抗日战争结束之前，蒋介石将戴笠看作是他最为重要的心腹之一。

因为军统是国民政府的情报单位之母，所以，国民党与中华民国自然对于军统之父——戴笠几乎都是正面评价。蒋介石迁移到了台湾之后，曾经说道："如果雨农不死，不至失大陆！"戴笠死了之后，章士钊为他题了一副挽联："生为国家，死为国家，平生具侠义风，功罪盖棺犹未定；名满天下，谤满天下，乱世行春秋事，是非留待后人评。"

在中共与中中华人民共和国方面，因为戴笠与共产党之间的关系是对立的，所以共产党内对于戴笠的历史评价曾经很低，给戴笠起了很多称号，比如，"蒋介石的配剑"、"中国的盖世太保"以及"中国的希姆莱"等。在"文革"时期，在很多"批刘批邓"的大字报当中，刘少奇和邓小平都被称为"戴笠的爪牙"。还有一个说法是，周恩来曾经表示："戴笠死了，共产党的革命能够提前10年取得成功。"

其实，不管是对戴笠是正面评价也好，还是负面评价也罢，都可以充分地说明，在当时的社会中，戴笠属于一个重量级人物，他的存在有着非常重大的影响。

## 说点局外事

中统和军统属于蒋介石专用的并且很重要的统治工具，用来收集各方面的情报，除掉异己，使自己在党、政以及军等领域的统治得以强化，形成了国民党的特务政治。特务政治是国民党实施独裁专制统治的不可缺少的组成部分。

国民党对这套特务网络系统加以利用，第一个对付的就是中国共产党。在军事"剿共"的领域，国民党特务组织通过对意大利黑衫党进行模仿组织了别动队，让康泽担任总队长，经过短期的培训，对特工人员进行训练，结业的学员用中队、分队、小队以及小组等编制，构成剿共别动队，带着各种样式的手枪、炸弹以及方便快捷的通讯工具，悄悄地潜进苏区，收集各类情报，实施破坏活动与暗杀活动，参与控制与通知收复地。对于中国共产党的城市地下组织与活动，在各个大中小城市，国民党特务组织非常严密地侦查

与监视中国共产党的活动，对中国共产党地下组织以及外围组织进行破坏，将共产党员与革命人士逮捕入狱。比如，他们很重视对中国共产党影响下的"黄埔革命同学会"进行利诱与瓦解，先后使得该会的余洒度、俞墉、陈烈以及黄雍等重要成员去南京政府进行自首。

除此之外，国民党特务还将矛头直接指向了政治、思想以及文化等领域的异议人士。他们不但将左翼作家逮捕，送入监狱，甚至还直接对民主人士进行暗杀。在应对国民党内部反对派上，特务组织也起到了非常重要的作用。另外，1936年两广事变爆发以后，蒋介石也通过军统特务顺利地将陈济棠的空军与高级军官策反，促使两广事变迅速地被解决了。

# 林森担任国民政府主席

随着时间的不断推移，林森，这位曾经担任中华民国国民政府主席的人，早已经被历史扔在了一个被人遗忘的小角落里，现在绝大多数的人们对于这个名字都会感到十分陌生。实际上，作为国家元首的林森，在生前的时候拥有着非常高的名望，即便在他死了之后，其名气在一段时间内也是很大的。林森去世以后，他的家乡——福建省闽侯县，曾经一度将名字改为林森县，以便表示对他的纪念。从1945年到1950年，上海也存在着一条名字叫作林森路的路，后来又改名为淮海路了。

林森于1868年出生在福建省的闽侯县。1905年，林森参加了中国同盟会，积极主动地参与各种革命活动。1912年1月，中华民国南京临时政府成立看以后，林森担任临时参议院议长之职，可以算得上是国民党的元老级人物了。

1931年2月，蒋介石和胡汉民之间发生的"约法"之争以及将胡汉民囚禁起来的事情，使得其他实力派非常不满，导致国民党内部出现了分裂和纷争。同年5月，反对蒋介石的势力在广州宣称另外设立国民党中央，和蒋介石的南京政府进行对峙。在各方面压力的逼迫之下，1931年12月，蒋介石在万般无奈的情况下对外宣布下野。随后，国民党中央全会通过选举让林森坐上了国民政府主席之位。1932年元旦，林森宣布就职。

林森坐上国民政府主席的宝座，成为一个国家的元首之后，从理论方面来说，应该国家最高的领导人了，应当拥有"无边的权利"了。然而，事实却并不是这样的，这主要是由于 1931 年 12 月 26 日，国民党四届一中全会议对《国民政府组织法》进行了修正，将主席的职权大大削减，主席没有实际的责任，由行政院院长掌握着行政大权。换句话说，林森的国民政府主席只不过是"虚位"的，属于礼仪式的，并没有实际的权利。实际权力仍然被蒋介石掌握在自己的手中，蒋介石才是中国权势最大的人。从下面的事件中，我们就能够很好地看出这一点。

1936 年 12 月 12 日，张学良和杨虎城发起了西安事变，将蒋介石囚禁了起来。对此，林森非常明确地对外表示不能够对张学良与杨虎城进行"讨伐"，大力地提倡使用和平的方法将此次事变解决，他还表示张学良的部队是非常热爱自己的国家的。西安事变得到和平解决以后，蒋介石被释放了出来，可是，蒋介石却将陪着他一起返回南京的张学良软禁了起来。在 1937 年 1 月与 2 月，林森曾经用自己国民政府主席的名义颁发了赦免令与复权令，想要将张学良赦免，并且使他恢复原本的职务。然而，蒋介石掌控着国家大权，林森这个国民政府主席的命令只是一个摆设，根本不能奏效。由此可以看出，林森只不过是虚位元首，蒋介石才是真正的掌权者。

其实，林森的心中对此是非常清楚的，而且他也十分知趣，所以，他在对待政治的时候总是保持着一种"超然"态度，将大部分时间放到对古玩、字画进行买卖与收藏上。对于各种国家大事，林森也只是做一些"礼节"方面的工作。比如，中国对日战争慢慢升级以后，1941 年 12 月 9 日，林森用国民政府主席的名义对日本、德国以及意大利宣告作战。

实际上，从国民党政权数次对《国民政府组织法》进行修正上，我们很容易看出，国民政府的制度设置以及人员安排关系上，几乎都是根据具体的人设置法令，根据具体的人设置岗位的。1928 年 10 月之后，从法令规定和实际情况来看，国民政府委员会的权力正在慢慢地减小，而实际的政治责任于 1931 年 12 月之前，由国民政府主席进行负责，也就是由蒋介石本人进行负责。在 1931 年 12 月到 1943 年 9 月这段时间内，担任国民政府主席的人是林森，而他只不过是一个虚位的国家之元首，实际权力掌握在行政院院长的手中，而在这 12 年左右的时间内，蒋介石担任行政院长之职的时间占了一半以上。1943 年 9 月之后，实际的政治责任又改由国民政府主席进行负责，即蒋介石进行负责。

所以，完全可以这样说，蒋介石担任什么样的职位，那个职位的权力就会变成最大的。特别在抗日战争爆发以后，1938 年，国民党实施领袖总裁制，而蒋介石则成为了国民党总裁，同时也是陆海空军的总司令，如此一来，就产生了集党、政、军大权于一个人之身的独裁统治。

## 局势分析

林森是辛亥革命的先驱，是反袁护法的有功之臣，是中华民国的缔造者之一。在为人处世与做官方面，林森不喜欢张扬，总是低调行事，信奉"不争权揽利、不作威作福、不结党营私"的"三不"原则，追究"无为而治"。但是，正是因为这种做事风格，导致林森倍受他人的冷落，在他担任国民政府主席的时候，国民党内部有不少人都对林森这位"国家元首"一点儿也不重视，甚至只是将他视为"国府看印的"。

针对这种情况，胡适曾经有过这样一段评价："林子超先生把国府主席做到了'虚位'，以至于虚到有的人居然已经'目中无主席'了。"但是，这并不是意味着林森"无所作为"，如果是他应该做的事情，林森向来是当仁不让的，虽然有的时候，他所颁发的命令并不太好使。纵观林森担任国民政府主席的作为，他是一个应该被历史记住的人。

## 说点局外事

所谓"五权宪法"，实际上指的是中华民国的创始人——孙中山提出来的一种政体设计主张。孙中山在西方各个国家三权分立的优劣利弊进行考察之后，增加了考试权与监察权，从而创建了行政、立法、司法、考试以及监察五权分立的政体设计。其最大的目的就在于对三权分立存在的缺点进行补救，希望通过这样创建五权不仅分工而且合作的新政体。

孙中山先生提出来的这套五权分立的宪法理论，后来被收入了国民党政权法统当中，实际应用到了国民政府的整体结构之中，也就是在国民政府主席下面设置五院，分别为行政院、立法院、司法院、考试院以及监察院。国民党中央执行委员会常务委员会在 1928 年 10 月 3 日通过了试着实行五院制的《国民政府组织法》，该组织法为国民政府五院制奠定了坚实的基础，后来尽管多次进行修改，但是仅仅是局限于国民政府主席和行政院院长在其职权上面的变化，未曾从原则上的根本进行变动。从国民政府五院制的实践情况来说，几乎就是因为具体的人而设置法令，因为具体的人而设置岗位。说得简单点就是，蒋介石担任什么样的职位，那个职位所拥有的权力就是最大的。五院制政体并没有起到它的创立者孙中山所预想与期望的权力分立和制衡的作用，也就好像没有设立一样了。

## 蒋介石担任总统

提起蒋介石，相信很多人都不会感到陌生，他有许许多多的头衔，其中就包括"总统"这个头衔。那么，你知道蒋介石是怎样坐上总统的宝座的吗？

1948 年 3 月 29 日到 5 月 1 日，为了实现"还政于民"，在国民党的主导之下，"行宪国民大会"在中国南京地区顺利召开。选举总统、副总统是这一次大会的重头戏。在大会开始之前，人们一致认为，这一次的总统选举不存在一丁点儿的悬念，蒋介石肯定会被选上的。然而，大会开始之后，人们才发现原来事情并不是那样的简单，要选蒋介石出任总统是具有一定的条件的，并且还为此上演了一幕相当曲折的选举闹剧。

首先，蒋介石故意玩弄一些花招，推荐自由主义代表人物——胡适作为总统的候选人。早在 1947 年 12 月的时候，蒋介石就大力地劝说当时正担任北京大学校长之职的胡适前来竞选第二年的总统选举。1948 年 1 月中旬的时候，打算竞选副总统的李宗仁也大力地劝说胡适竞选总统之职。除此之外，美国驻华大使司徒雷登也在暗里地积极地怂恿胡适参加总统的竞选。而美国总统——杜鲁门更是公然表示，期盼着国民党政府可以包容并接受"自由主义分子"。"行宪国大"正式拉开序幕以后，蒋介石经过慎重的思考，最终决定来一个将计就计，于是，他对外表示打算邀请胡适担任总统之职，自己担任行政院院长之职。为此，他派遣心腹王世杰将自己的这一意见件传达给胡适。刚开始的时候，胡适对此表示接受，到了 4 月 1 日，胡适又开始动摇了，决定不参加总统的竞选了。4 月 3 日晚上，蒋介石亲自找到胡适，并且"真诚"地与之进行谈话。对此，胡适感到兴奋不已，终于还是钻进了蒋介石设下的圈套中。

4 月 4 日，国民党正式举办了临时中央执行委员会全体会议，对总统的提名人选问题进行了讨论，会议全都推荐蒋介石作为总统的候选人，但是蒋介石却严词"拒绝"了。与此同时，蒋介石还提出了一个建议，也就是推荐一个党外人士参加总统的竞选。他为什么要这么做呢？精通政治权谋的蒋介石到底想要干什么呢？

实际上，蒋介石这样的"谦让"，并不是不想当总统，而是其经常使用的一种手段——以退为进。这主要是由于根据 1946 年底"制宪国大"上通过的《中华民国宪法》的规定，总统的权力受到了很大的限制，而已经习惯了独裁的蒋介石对此是相当不满意的，因此，他最终才会宁可屈就有"实权"的行政院院长，也不愿意做一个"有职无权"的总统。然而，追随了蒋介石多年，并且惟其首是瞻的国民党手下人却一致认为蒋介石一定要做国家的总统，将党的领袖和总统放在同等重要的地位上，将总统和控制政府放在同等重要的地位上。既然国民党人已经认定蒋介石就是国家总统的人选，而蒋介石又不想做一个"有职无权"的总统，那么，这就需要寻找一个能够将此问题解决的方法。当然了，重新对宪法进行修改，使大总统的职权得以扩大，是最为简便，同时也是最为直接的方法。可是，宪法刚制定没有多长时间，就对其进行修正，仿佛十分不妥当。那么，应该如何做呢？

在 1946 年 4 月 5 日上午召开的国民党中常会上，作为蒋介石老下属的张群认为，蒋介石并非不愿意做国家的总统，而是按照宪法的规定，总统根本没有什么实际的权力，它只不过是国家名义上的元首而已，而并非行政首长，所以，蒋介石自然不想做这样一个有名无实的总统。倘若常会能够想出一种方法，给予总统一种特殊的权利，那么，蒋介石还是愿意成为总统的候选人的。随后，中常会就推荐了张群、陈布雷与陈立夫 3 个人前去会见蒋介石，当着他的面对其意见进行询问，并且得到了他的首肯。当天下午，素有"民国第一法学家"称号的王宠惠依据这些在中常会上提出："我们可以避开宪法条令的规定，在国民大会中通过一项临时的条款，给予总统在特定时期得为紧急处分的权力。"国民党中常会随后做出了一个决议：建议在这一届的国民大会中，通过宪法增添了"戡乱时期临时条款"，规定在戡乱时期，总统有权紧急地进行处分。这样一来，蒋介石对当总统的候选人表示赞同。

没过多长时间，4月18日在国民大会上，以多数票赞同而使《动员戡乱时期临时条款案》得以通过，该案作出了这样的规定："在动员戡乱时期，总统为了防止国家或者人民遇上十分紧急的危难，或者应对财政经济上非常重大的变故，得经行政院会议的决议，为紧急地进行处分，不受到宪法第39条或者第43条所规定程序的限制。"换句话说，从效果上来看，该法赋予了总统以相当大的权力。由此可以看出，为了使蒋介石扩大总统权利的要求得以满足，国民党已经什么都不顾及了。因为在他们眼中，将蒋介石推上有着实际权力的总统之位才是当前最应该做的事情。

就这样，蒋介石终于成为了首届总统候选人，可是一个人唱"独角戏"可不是什么好事，所以，还得有其他人也参与到"竞选"中，这样才能够营造出一种民主的氛围。蒋介石的意思是让国民党元老、当时担任司法院院长之职的居正与自己一同参加总统的"竞选"。据说，"蒋中正"与"居正"这两个名字放在一起，就是"蒋中正居正"，这对于蒋介石而言，是十分吉利的，让蒋介石感觉很好。而居正本人的心中很清楚，自己根本没有任何的实力，蒋介石这样做只不过是让自己陪着他演一场戏而已。既然仅仅只是一场戏，那么陪着他演也就是了。

1948年4月19日，国民大会正式举办了总统的选举活动。各个国家的使节也都纷纷前来参观开票。选举的最终结果为：蒋介石2430票，居正269票。蒋介石最终实现了自己的愿望，通过"民主"的方式成为了一名"合法"的拥有实际权力的总统。

### 局势分析

纵观蒋介石当选民国大总统的过程，蒋介石的行为似乎有一些"卑鄙"，为了达到自己的目的，他设定了一系列的"阴谋诡计"。但是，即便如此，我们也不得不承认，蒋介石是一个拥有雄才伟略的人，能够担当起民国大总统的职责。

作为一个政治家与政治领袖，蒋介石可以配得上"优秀的战术家"这几个字。与他的竞争对手们相比，他总是技高一筹，而且善于对他们进行控制。然而，虽然蒋介石统治了中国人口中的大部分，但是他实际上对与整个政权的社会基础并不太了解。对蒋介石竞选民国大总统，甚至蒋介石的一生进行总结，我们可以看出，蒋介石是一个拥有超凡的勇气、精力以及领袖品质的人，但是他也是一个有很大缺陷的人，这也导致他的人生最终以悲剧落幕。

### 说点局外事

在南京国民政府时期，从名义上来看，国民大会是代表全国国民行使政权的机关。国民大学先后在 1946 年与 1948 年召开。在 1946 年，国民大会的主要任务是对宪法进行制定，所以，习惯上将其称为"制宪国大"；在 1948 年，国民大会的主要任务是推行宪法，选举国家的总统，习惯上将其称为"行宪国大"。

1946 年 11 月 15 日，国民大会正式召开，有 1381 个代表出席了这次大会，会议的中心任务是对宪法进行制定，然而，这个制宪活动缺少民主基础，所以，中国共产党以及民盟等党派都没有参加国民大会。12 月 25 日，通过了《中华民国宪法》。该法总统包括 14 章，175 条，从形式上来看，虽然其中也包括了一些与军队国家化、发展国民经济、独立外交、社会福利以及文化事业等有关系的条款，但是实际上与《训政时期约法》是一脉相承的，不过使用宪法的形式将国民党对于全国的集权统治确立了下来。1947 年 1 月 1 日，国民政府正式将这部宪法公布于众，规定从 1946 年 12 月 25 日开始实施。这部宪法刚刚公布于众，马上就遭遇了中国共产党、民盟以及全国人民的共同批判与谴责，他们都纷纷地发表声明，不予承认这部宪法。

在"制宪国大"以后，在 1948 年 3 月 29 日到 5 月 1 日，国民党在中国南京地区召开了"行宪国大"，其主题为选举国家总统与副总统。在 4 月 4 日国民党中央执行委员会临时全会上，蒋介石公然表示自己不参加此次总统的竞选活动，但是愿意出任掌控实际权力的任何职责。其实，蒋介石的真正用意是嫌弃总统的权力受到了诸多的限制，所以，在 4 月 5 日国民党中常会上有了通过张群提出来的"给予总统以紧急处置权"的建议一说。在经过了这样的安排之后，蒋介石对于中常会的决定表示认可与接受。4 月 19 日，国民大会推选蒋介石做了中华民国的总统。在副总统精选的过程中，国民党内部各个派系之间展开了一场非常激烈的争夺战，先后经过 4 次选举之后，李宗仁才成功地坐上了副总统的位子。5 月 20 日，蒋介石与李宗仁正式开始担任国民政府总统与副总统。

综上所述，"制宪国大"和"行宪国大"在很大程度上表明，国民党的"还政于民"的实质就是继续坚持一党的专政。

# 第四章　文风

## 聂耳与《义勇军进行曲》

作为国歌的《义勇军进行曲》，几乎是伴随着每个人长大的。这首歌不仅充分地将时代的呼声反映了出来，而且也促使民族精神得以振奋。这首歌曲的作者是一个名叫聂耳的人，关于聂耳的评价，有人曾经说过这样一句话："倘若鲁迅为中国无产阶级文学的旗手，那么聂耳便是中国无产阶级音乐的旗手。"在抗日战争时期，聂耳使用音乐极大地激发了广大人民群众的抗战热情。可以这么说，聂耳不仅是一个非常有天赋的音乐家，同时他也是一个伟大的革命者。而正是因为后者，他才能够出现了前者的辉煌。

聂耳于1912年出生在中国云南昆明地区，从很小的时候就对音乐产生了非常浓厚的兴趣，并且表现出了出众的才华。巧合的是，与别人的名字相比，他的名字也多"长"了一双耳朵，这似乎预示着聂耳将会成为一个伟大的音乐家。1927年，蒋介石背叛了革命，没多久，云南就陷入了一片白色恐怖当中。聂耳亲眼看到了那些生活在社会最底层的劳动人民是如何艰难地生活的，也亲眼看到了大量的共产党人正气凛然地为正义而死与具有进步精神的学生们被捕入狱或者是被残忍地杀害的情景。1928年，年龄仅仅只有16岁的聂耳悄悄地参加了共产主义青年团。从此之后，他开始谱写出一曲又一曲的催人上进与奋斗的救国乐章。

1934年7月，田汉下定决心要创作出一部以抗击日寇拯救中国作为主题的电影，名字叫作《风云儿女》，并且为这部电影配了一首名叫《义勇军进行曲》的主题曲。非常不幸的是，没多久，他就遭到了国民党特务的追捕，在仓促之间，他将《义勇军进行曲》的歌词写在了一张很小的香烟包装纸上。随后，他就被国民党特务抓到了监狱中。后来，一个名叫夏衍的继续负责完成这部电影的文学剧本。聂耳得知这部电影需要谱写一首主题歌的消息以后，就积极主动地找上了夏衍。聂耳拿到剧本以后，认真地将田汉写的歌词念了几遍，瞬间感觉浑身上下都变得热血沸腾，于是，极其激动地说道："将作曲的工作交给我吧！"

聂耳怀着满腔的激情，将田汉的词作拿了回来，他完全被《义勇军进行曲》中那挽救国家危亡的感情激励着，促使他的创作冲动与灵感就仿佛潮水一样从思想中涌了出来，简直就是来不及写。后来，聂耳曾经对影片导演许幸之这样说道："为了更好地创作《义勇军进行曲》，我基本上达到了废寝忘食的地步，一天接着一天地努力工作，一会儿在房间内的桌子上打拍子，一会儿坐到钢琴前面进行弹琴，一会儿在楼板上来来回回地进行走动，一会儿又大声地唱起来。对此，房东老太太可是不允许的，他觉得我可能是发疯了，并且对我下达了逐客令。在万般无奈之下，我不得不一而再再而三地向她表示歉意，最后，她的怒火才慢慢地平息下来。"在酝酿了 2 个多月的时间，在不断的构思以及反复进行修改之后，聂耳终于将《义勇军进行曲》的初稿完成了。与此同时，聂耳还完成了这部影片的另外一首插曲——《铁蹄下的歌女》。

1935 年年初，上海的白色恐怖一天比一天严重起来，聂耳也处在随时都有可能被捕的危险中。于是，聂耳决定经过日本前往欧洲、苏联。因为当时的形势比较紧迫，他被迫把《义勇军行曲》的乐谱拿到日本去做进一步的修改完善。在日本的时候，尽管得到一些友人的热情招待，可是，聂耳更多地看到了日本帝国主义对"扩大在支那利益"进行大肆鼓噪的罪恶言语。聂耳因此更大地激发了自己的创作灵感，他快速地对《义勇军进行曲》进行修改，并且将定稿后的歌曲寄回了上海，它的旋律相当高昂而雄壮。在电影公开放映以后，《义勇军进行曲》快速地在整个神州大地传播开了。

局势分析

因为《义勇军进行曲》唱出了团结战斗的坚强意志，唱出了那个时代的呼唤以及人民的心声，令人们感觉无比的震撼，所以，它不但在民族危机一天天加重的当时，而且在以后的抗日战争与民族解放战争的过程中，也始终好像进军的号角一样，对人民的革命热情以及战斗意志起到了很好的激励作用。在国际上，《义勇军进行曲》也起到了非常广泛而深刻的影响。

1936 年，在万般无奈的情况下流亡到国外的刘良模将这首歌曲带到了美国。最早的时候，名气很大的黑人歌王——保罗·罗伯逊开始在美国将这首歌曲进行演唱，还灌制了唱片，而且将它的名字改为《起来》。从此之后，《义勇军进行曲》也逐渐地红遍了世界各国。罗伯逊曾经非常深情地对刘良模说道："《义勇军进行曲》不但将中国人民争取自由解放的决心唱了出来，而且也将全世界被压迫人民，其中就包括美国黑人在内的争取解放的决心唱了出来。"

说点局外事

徐悲鸿是中国江苏宜兴人，因为擅长画马而闻名于海内外。他笔下的马，不管是奔跑、走动，还是站立、饮水，都有着一种自由奔放，豪气冲天的意态，令人观赏之人感到十分振奋畅快。

为了能够将马画好，徐悲鸿曾经专门对马的解剖进行学习，非常熟练地掌握了马的骨骼、肌肉以及组织等知识。与此同时，他还对马的脾气性格以及生活习性十分熟悉。在画马的时候，他要求每个细节上都尽可能地做到完美。徐悲鸿笔下的马，不是单纯地将马的形体美体现了出来，而且还将马的强健与奔放很好地展现了出来。他画的马，即便是正在低着头喝水，也可以看出马的劲健与傲骨。俗话说："画马难画骨"，但是，徐悲鸿不但将马的骨画了出来，而且还将马的神画了出来。

与古人相比，徐悲鸿画的马有着很大的不同之处。他不仅很好地继承中国画的传统，利用流畅的重墨对奔放有力的骏马进行勾画，而且还较好地吸收了西方的画法，使用透视法以及解剖法等，重视物象的光影明暗。因此，徐悲鸿的马粗略地看起来体现了中国笔墨画的美，而细细分析起来却又展现出了西方绘画特有的艺术风格。徐悲鸿恰到好处地将二者结合起来，获得了前人画马从未有过的效果。徐悲鸿笔下的马，不是简单地表现马的强健与俊美，更是以马喻人喻事、托物抒怀，从而很好地表达自己的爱国之情。他画的马，大部分都是一没有笼辔，二没有鞍蹬，非常自由而奔放的，是对激情和自由的赞扬与讴歌，令人看了之后精神一下子就振奋起来，然后变得十分积极向上。

1941 年，徐悲鸿创作出了《奔马图》。那个时候，日本侵略者企图在太平洋战争爆发以前，彻底地将中国打败，于是就发动了长沙会战，以便能够将南北交通咽喉打通。在长沙会战的过程中，中国曾经一度失利，长沙也落入了日本侵略者的手中。徐悲鸿当时正在马来西亚槟榔屿举办艺展进行募捐，得知这一消息之后，心急如火。于是，他为了抒发自己忧国忧民之情，连夜创作出来《奔马图》。在这幅画中，徐悲鸿使用奔放而饱酣的墨色对马的头部、颈部、胸部以及腿部等大转折部位进行勾勒，并且使用干笔将鬃尾扫出来，使得浓淡干湿的变化看起来浑然天成一般。马腿部的直线细劲而有力，就好像钢刀一般，力透纸背，而马的腹部、臀部以及鬃尾的弧线看起来有很大的弹性，富于动感。从整体上来看，画面前面大后面小，透视感非常强，向前伸的双腿与马头具有相当强的冲击力，仿佛要冲破画面。

## 剪辫子的潮流

对于人体自身来说，发式属于一种非常重要的饰物，不同类型的发式可以将人们不同的性别、年龄、职业以及社会地位反映出来，不同的民族拥有不同的发式风俗。在中国的古代，汉族的男人都是留头发不剪掉，成年以后在头顶上束发加冠。可是，看有留辫子风俗的满族在进入中原地区以后，为了将汉族的民族意识铲除，就强制性地颁发了剃发令，掀开了一场"留头不留发"与"留发不留头"的角逐之战，在此过中国中，先后总计几十万人因为反对这一政令而惨遭杀戮。在大清王朝的高压政策之下，全国上下的男子慢慢地屈服并遵从了满族的剃发蓄辫风俗，并且历经200多年而不衰败。

在鸦片战争以后，随着国门的不断打开，西方人开始对中国男子头上的辫子进行讥讽、嘲笑甚至是诅咒，以"落后"与"不开化"作为借口，各种侮辱性的言语，比如，"豚尾奴"、"拖尾奴才"以及"半边和尚"等不绝于耳。西方人对中国人的歧视与侮辱对中国人已经有些麻木的神经起到了很大的刺激作用。所以，不少志士仁人开始非常积极主动地提倡剪掉辫子，更换衣服，将陋俗革除，对社会进行改良。比如，康有为曾经向光绪帝上奏，请求剪掉头发，更换衣服，章太炎也曾经发出过"割辫与绝"的呐喊。剪辫子的呼声已经起来了，中国的留学生以及一些流亡到海外的革命者带头将头发剪掉了，并且换上了洋装。对此，国内的很多激进者也开始进行效法。就这样，剪辫子的风潮逐渐地遍布全国10多个省份，并且波及到了学校与军营。在这种形式的逼迫之下，清朝廷于1910年12月7日对资政院关于官民自由剪头发的奏请进行了批准。

在辛亥革命发生以后，由于革命党人的推动，对外已经宣称独立的省份再一次掀开了剪辫子的热潮，一时之间，有没有剪掉辫子成为了是否具有革命倾向的标志。那个时候，湖北军政府用都督黎元洪的名义对外发布了一则告示，命令全部剪掉辫子，革命军还在各个城门口进行非常严格的检查，碰到不愿意将辫子剪掉的人，就使用强制性措施使其剪掉辫子。

广东省在对外宣布独立的时候，不管老少强弱的男子或者士农工商，都争抢着将自己天然生长的辫子剪掉。当时堤岸一带的理发店，从早晨到晚上，都十分拥挤，理发师门，几乎顾不上吃饭……根据统计显示，在一天中剪掉辫子的人，竟然有20多万人。在中国台湾地区，当辛亥革命的消息传开之后，短短一夜之间，每个人都剪掉了辫子，日本人对此非常惊讶。

在剪辫子的浪潮中，大部分人是非常兴奋，非常高兴的，可是也有少数人无精打采，垂头丧气，想尽一切办法来逃避剪辫子。为此，民国成立以后，南京临时政府专门发布了《命内务部晓示人民一律剪辫令》，其中有这样一段话："兹查通都大邑，剪辫者已多，至偏乡僻壤，留辫者尚复不少，仰内务部通令各省都督，转谕所属地方一体知悉。凡未去辫者，于令到之日限二十日，一律剪除净尽，有不遵者以违法论。"这项命令刚刚颁发以后，再一次掀起了剪辫子的高潮。这个时候，是否剪掉辫子已经不再单纯地是革命与否的问题，而变成了是不是拥护共和的问题了。

1914年，北京政府内务部再一次发布了对剪发进行劝诫的条令，规定只要是不将辫子剪掉的人，将其职务停止或者将其职务开除，经商的人停止其营业权利，与此同时还需要对家属以及仆从的发式进行规范。然而，依旧有一部分传统势力对于剪辫子的法令十分坚决地进行反对。比如，大清王朝的少数遗老遗少们，用将辫子保留下来的方式来表示他们怀念并且忠于清廷，甚至还怀有复辟的梦想。其中，最为典型的代表就是辫帅张勋以及他的辫子军。

然而，在不可阻挡的历史潮流以及强大的政治法令面前，剪辫的风潮在全国各地从南向北、从大城市向偏远的乡村慢慢地进行扩展，剪掉辫子已经成为了整个社会的共识，在万般无奈之下，大部分的清朝遗老遗少们也都陆陆续续地将辫子剪掉了。1919年，清朝末代皇帝溥仪也在他的外国老师庄士敦的大力劝说之下，将自己的辫子剪掉了。随后，紫禁城中也有1000多条辫子被剪掉了。从此以后，除了个别极端分子以外，全国上下留辫子的人变得越发稀少了，尤其是在公共场合基本上已经没有留辫子的人了。那些极少数的留辫子的人只能在充分地进行伪装以后，才可以在公共场合出入。

## 局势分析

之所以会出现剪辫子的风潮，除了受到民族"自觉"和反清革命等政治因素的影响之外，也是近代社会生活发展的一个趋势以及世界潮流的使然。虽然在鲁迅的文章中，辫子拥有各种令人捧腹的功能——"打架时可拔，犯奸时可剪，做戏的可挂于铁竿，为父的可鞭其子女，变把戏的将头摇动，能飞舞如龙蛇"等种种令人捧腹的功能，可是，它的的确确和近代社会比较快节奏的生活方式不相符。

因为人的脑袋后面拖着一条很长的辫子，行礼脱帽的时候不方便，运动健身的时候不方便，做工开机器的时候不方便，练兵操演的时候也不方便，而且每天还需要花费很多时间来梳头编辫子。如果经常洗头，那么就会浪费

很多时间；倘若不经常洗头，那么又会很不卫生，很可能会繁殖细菌虱子，并且传播各类疾病。说得简单地就是，不管是对于卫生来说，还是对于操作来说，抑或是对于经济来说，辫子都是有很大害处的。因此，就社会生活来说，将辫子剪掉已经成了大势所趋。

在将辫子剪掉以后，中国的男子并未再一次回到束发于顶的年代，而是顺应了世界的潮流进入了短发的时代，而且一直延续到现在。

## 说点局外事

在民国时期，随着人们剪掉辫子，其服饰也逐渐地将君臣士庶"衣服有制"的封建等级传统打破了。政府对于服饰制度进行改革包括2个基本原则：第一，将服制统一，以便壮观瞻，示维新；第二，不仅要结合传统，面对现实，而且也要面向世界，追上西方文明的潮流。换句话说，民国时期的服装不仅很好地继承传统的稳定性，而且还具有跟随世界潮流的变异性。比如，男人的大礼服、常礼服与西方的燕尾服十分相似，常服是经常改造的长袍马褂；女礼服则是上衣下裙等。说得简单点就是，男人的服装表现出了从长袍马褂向中山装、西装过渡的一个趋势，而女人的服装不仅表现出了十分华丽的一个趋势，而且旗袍一天天普及开来。其中，最能够体现民国时期的男女服饰流变的就是中山装与经过改良以后的旗袍。

中山装是由孙中山创造制作出来的，它的设计灵感的来源包括日本铁路工人服、日本学生装以及南洋华侨的"企领文装"等好几种说法。尽管在很大程度上它依然是西装的翻版，可是孙中山在改革它的过程当中，将自己的政治理想与中国的传统意识渗入其中，使得它不仅十分庄重而实用，而且与中国人的审美习惯极其相符，所以，没多久就得以流行，并且一跃成为了国际承认的中国男子礼服之一。

原本，旗袍是满族妇女的一种服饰，袍身比较平直而宽松，下摆比较宽大，领、袖、襟以及裾处都镶有颜色不同的宽条花边。20世纪20年代初，旗袍慢慢地普及开了，与以往相比，那个时候的旗袍式样并没有发生太大的变化。然而，在西方服饰尤其是收腰贴身的连衣裙的影响之下，旗袍的样式也不断地得到改进，比如，长度缩短、腰身收紧、领高降低、夏装旗袍将衣袖去掉等。传统旗袍在适当地加入了一些西方服饰的审美元素以后，穿在身上看起来更显得时尚而得体，因此，得到了广大女性的普遍认可与追捧。

总而言之，民国时期服饰的变革，尽管显示出了一天天西化的趋向，但是并没有完完全全地踏上西化的道路

# 蔡元培和北京大学

如果有人询问中国哪一所大学是最好的，那么，很多人都会毫不犹豫地回答："北京大学"。对于中国来说，北大的意义不单单在于它是中国近代史上第一所国立大学，而且它也是代表科学与民主的一面旗帜，是学术精神与民族性格的一种象征。说到北京大学，我们就必须谈一团拥有"北大之父"美誉的蔡元培先生了。

蔡元培，字鹤卿，中国浙江绍兴人，在光绪年间参考科考考中了进士。蔡元培曾经前往德国进行留学，于 1916 年 12 月 26 日，担任北京大学的校长。1917 年 1 月 4 日，蔡元培前往北京大学就职治事，从此以后开始了蔡元培一生之中最具有成就，同时也最受到尊重与敬仰的一段无比辉煌的历程。

1917 年 1 月 9 日，北京大学举办了开学典礼。在此典礼上，蔡元培发表了就职演讲。对于那个时候北京大学存在的不正之风，蔡元培重点提出了 3 项要求，分别为："抱定宗旨"、"砥砺德行"与"敬爱师友"。蔡元培非常明确地指出，大学生应该将对学术进行研究当作是天职，而不应该将上大学当作是升官发财的阶梯，并且突出地强调了学生应该将坚定信念，为求学而来放在最重要的位置上。

多年的办学经验，让蔡元培深深地认识到：北京大学的 2 个弊端分别为："学课之凌杂"与"风纪之败坏"，并且提出了：为了拯救第 1 个弊端，需要对那些纯粹的学问家进行延聘，一方面教授学生知识，一方面和学生一起进行研究，将北京大学改造为纯粹地对学问进行研究的地方。为了拯救第 2 个弊端，在对学生模范人物进行延聘的同时，对学校的风气进行整饬。为此，蔡元培还没有走进北京大学的校门，就已经开始了为了延聘著名的老师，网

络杰出的英才而不懈地努力着，并且创造了"三顾茅庐"前往陈独秀住处进行拜访，聘请其担任北京大学文科学长与不限制于一种规格或标准地聘请没有大学学历的梁漱溟前来北京大学担任教师等佳话。

在此以后，蔡元培又聘请到了很多思想革新与学富五车的新派人物，比如，胡适、李大钊、吴虞、钱玄同、刘半农、鲁迅以及周作人等，前来北京大学文科担任教师。除此之外，他还聘请到了不少国内很有名的专家学者，比如，马叙伦、沈尹默、陈垣、萧友梅、沈兼士、刘师培、陈大齐、徐悲鸿、陶孟和、熊十力、马寅初、周鲠生、陈启修、王世杰以及高一涵等，前来北京大学文科或法科担任教授或者导师。在理工科方面，蔡元培专门聘请了那个时候国内首个对爱因斯坦相对论进行介绍的物理学家——夏元瑮做了理科学长，名气较大的学者李四光、翁文灏、王星拱、何杰、丁燮林、颜任光、李书华、俞同奎、朱家骅、冯祖荀、丁文江、秦汾以及外籍专家葛利普等人前往北京大学任教。一时之间，北京大学名师聚集，人才众多，学术空气非常浓厚而活跃，教学科研热闹至极。

蔡元培认为，大学就是对高深学问继续拧研究的地方，提倡大学应当执行"思想自由、兼容并包"的方针，才可以很好地促进学术的发展与繁荣。他一而再再而三地申明："针对学说，应该效仿世界上各所大学的通例，遵从思想自由的原则，选择兼容并包主义，不算是哪一种学派，如果其言论有道理，能够持久存在下去，不会被自然淘汰的，即便彼此之间的立场是相反的，也应当让其自由地发展下去。"

## 局势分析

蔡元培在北京大学任职期间，提出了"思想自由、兼容并包"的教学方针，这对于封建文化专制主义而言，有着非常重要的革命意义。在20世纪初叶，新旧思想产生了十分激烈的冲突，社会也发生了急剧的变化，蔡元培提出来的这个方针十分符合当时时势的需要，对于新思想、新观点的存在、发展以及传播有着非常好的促进作用。所以，在北京大学的学术舞台上出现了民主科学思想，甚至是马克思主义。与此同时，它们以北京作为基地快速地传播开了。

蔡元培从1917年主管北京大学到1927年底从北京大学脱离出来，经历了10多年的时间。蔡元培曾经十分谦虚地说道："我在北京大学担任校长的时间共计有十年有半，而实际在北京大学办事的时候，仅仅只有五年有半，每次回忆的时候，都感到十分惭愧。"但是，无数事实已然表明，这10年是北京大学历史上朝气蓬勃、无比辉煌的10年，同时也是蔡元培一生当中最为光彩耀眼、建树最大的10年。

打开北京大学百年奋勇前进的光辉史册，我们不难发现，没有任何一个人能够比蔡元培与北京大学的关系更加亲密的了。我们完全可以这样认为：如果没有蔡元培，那么北京大学就不能成其为北京大学；如果没有北京大学，那么蔡元培也就不能成其为蔡元培。蔡元培和北大，是著名人物和著名学校相辅相成、相得益彰的非常完美的结合。

## 说点局外事

1937年，全面抗日战争爆发以后，北京大学、南开大学与清华大学先迁移到了湖南长沙，构成了长沙临时大学，并且于同年10月25日开始上课。1938年4月，北京大学、南开大学与清华大学又向西迁到了昆明，将名字改为国立西南联合大学。5月4日正式开学，设置了文、理、工、法商与师范5个院26个系，2个专修科以及1个选修班。

北京大学、南开大学与清华大学原本都是很有名的高等学府，它们各自具有独具特色的经历，拥有属于自己的教学作风，组建成国立西南联合大学之后，聚集了一大批非常有名的专家、教授与学者，师资力量十分雄厚，拥有才华的人众多。他们在非常艰苦的条件下，始终坚持着非常严谨的治学态度，树立十分良好的学风，促使西南联大成为那个时候中国规模最大的名扬四海的高等学府。

西南联合大学在创建学校的8年当中，拥有4000多名毕业学生，并且他们都学有所成，其中，李政道与杨振宁等人还成长为了闻名于世界的专家学者，他们对于中国的建设事业、高等教育的发展以及世界学术研究，作出了非常大的贡献。1946年5月4日，西南联合大学解散了，北京大学、南开大学与清华大学分别迁回到了北平、天津复校。

# 鞠躬、握手礼的流行

众所周知，中国是一个礼仪之邦，拥有着各种各样的礼仪，其中，就包括鞠躬礼与握手礼，可是，亲爱的读者朋友，你知道中国的鞠躬礼与握手礼是从什么时候开始流行的吗？

中华民国成立以后，随着封建帝制的逐渐灭亡，针对封建礼仪制度的变革也快速地被提上了议事的日程。其中，在社交礼仪方面最为主要，同时也最为重要的变革就是跪拜礼被废除与鞠躬、握手礼开始盛行。1912 年 3 月，民国政府明文宣布命令在对孔子孔圣人进行祭祀的时候，将跪拜的礼仪废除，改行鞠 3 个躬的礼仪，原本的祭服则改为便服。没有过多长时间，国民政府又明文宣布命令将社交礼仪过程中的叩拜、相揖、请安以及拱手等旧式礼节废除，并且改行鞠躬的礼仪。后来，经过临时参议院的慎重考虑，最终决定，袁世凯控制之下的北京政府在 1912 年 8 月 17 日对外公布了《民国礼制》。它总共包括 2 章 7 条内容，全文具体内容如下：

第一章　男子礼

第一条　男子礼为脱帽鞠躬。

第二条　庆典、祀典、婚礼、丧礼、聘问，用脱帽三鞠躬礼。

第三条　公宴、公礼式及寻常庆吊、交际宴会，用脱帽一鞠躬礼。

第四条　寻常相见，用脱帽礼。

第五条　军人、警察有特别规定者，不适用本制。

第二章　女子礼

第六条　女子礼适用第二条、第三条之规定，但不脱帽。寻常相见，用一鞠躬礼。

第七条　本制自公布日施行。

这套《礼制》公布于众以后，全国各个地区的社交礼仪为之改变。举个例子来说，在北京地区，在前清时期，凡是婚丧喜事仪制都会使用跪拜的礼节，而现在全部都改成了鞠躬的礼节。在中国武汉地区，小的礼节只需要鞠 1 次躬，而大的礼节只需要鞠 3 次躬，实在是非常简单方便。在中国四川地区，县太爷上任的时候，"拜北阙，使用点 3 次头的鞠躬礼仪"，"对孔庙与武庙进行祭祀的时候，只需要使用点 3 次头的鞠躬礼仪"。在中国福建地区，"有用新丧礼的人，前去吊丧的人只需要行脱帽鞠躬的礼仪"。在河北房山县，在所有相见礼中，都可以使用鞠躬礼。在民国时期，除了鞠躬礼之外，握手礼也得到了非常广泛的认可与接受，成为了社交礼节的重要组成部分。在握手的时候，双方之间的距离应当约为 1 步之远，双手握手之后上下微微地进行摇晃。如果受礼者是男士，那么可以稍微重一些；倘若受礼者为女士，那么就应当轻轻地握手。与地位较高的人见面的时候，一定要由地位较高的人先将手伸出来。与女士进行握手的时候，一定要由女士先将手伸出来。

## 局势分析

用鞠躬礼替代跪拜礼，不仅是对君权、族权以及神权的一种挑战，而且也是人际交往过程中民主、平等思想的一种体现。然而，与其他新生事物的出现一样，鞠躬礼在刚刚出现之后就受到了一定程度的抗拒与排斥。比如，大清王朝的那些遗老遗少们在紫禁城中觐见清朝已经退位的皇帝，也就是宣统皇帝溥仪的时候，依旧坚持使用跪拜礼。

维新志士康有为也曾经大力地反对将跪拜礼废除，为此，他曾经这样说道："中国人不尊敬上天，也尊敬教主，不知道傲慢地留着他们的膝盖是为了什么？"甚至连将民国新礼制公布于众的袁世凯，也为了祭祀孔子以及复辟帝制曾经一度下令将跪拜礼恢复。而在民间，也有不少人觉得，寻常的庆吊使用鞠 3 次躬的礼仪，而礼神谒圣也使用鞠 3 次躬的礼仪，不能不说这礼仪怎么没有一点儿差别呢？因此，他们依旧非常顽固地坚持使用着跪拜礼。1917年，中国湖南地区一个小县城只能够，有一个还乡官员在自己父亲的葬礼上使用了鞠躬礼，然而，参加这次葬礼的宾客们都觉得他这样做对自己父亲的大不敬而唏嘘不已，一哄而散。

然而，随着民主、自由以及平等观念逐渐地深入人心，人们还是慢慢地接受了简单方便容易操作的鞠躬礼，并且，在全国的各个城市乡镇推广开来，因为鞠躬礼成为了社会上最为普遍的一种社交礼节。有人曾经对此给予了这样的评论："作为一种社交礼节，跪拜已完成了它的历史使命。只是作为一块青记，它还残留在现代社会的臀部。它的最终消失，有待于人们物质生活和文化生活的进一步丰富提高。"

除了鞠躬礼之外,民国时期开始流行的握手礼,对于当时的社交礼仪的变化也有很大的影响。当然了,握手礼在刚刚出现的社会,也碰上了鞠躬礼的遭遇,但是情况却比鞠躬礼要好一些,人们最终也认可并接受了握手礼。可以这么说,中国人在握手礼方面的西化程度是最深的。

## 说点局外事

在国际社会上,中国是公认的"礼仪之邦"。在中国有这样一句话:"大礼三百、小礼三千",它就是中国拥有着比较系统的礼仪制度的一种体现。近代以来,由于受到欧风美雨的影响,中国传统的礼仪制度也在不停地进行着变化与改革。到了民国时期,在社会的整个大变革当中,社交礼俗也随之发生了相当明显的改变。

第一,随着社会风气的逐渐开放,经济的不断发展,西化程度的日益加深,大家的交往理念慢慢地从中转向了西,并且越发呈现出西化的趋新色彩,而传统的社交形式在阶级与阶层间所存在的界限也表现出一种慢慢地淡化的趋势。

第二,在交往礼仪方面,将跪拜礼废除,开始使用鞠躬礼、握手礼等新式礼节。同时,还将与跪拜礼有着非常密切关系的一些称谓革除了,比如,"大人"、"老爷"等,开始使用"君"、"先生"与"同志"等新称谓,很好地体现了对于人格的尊重以及人和人之间的平等观念。

第三,在交往形式上,除了传统的应酬以外,像春游、跳舞、茶会、音乐会等西式社交方式也逐渐地被更多的人认可与接受。除此之外,民国时期社交礼俗变革还具有另外一个非常大的特点,那就是男女社交的公开,将以前男女不能够杂坐在一起乘车、看戏、游园以及同台演戏等陋习打破了,从而体现出了妇女的社会地位得以提升与男女平等的理念。

# 新式纪念日的出现

不管是在古代，还是在现代，中国都有很多纪念日，只不过这些纪念日随着时间的推移，也会发生一些变化，或消失，或增加新内容等。那么，你听说过中国的新式纪念日吗？你知道它是从什么时候开始出现的吗？

1912年1月，孙中山在中国南京地区就职中华民国临时大总统以后，正式向各个省份通电：中华民国开始使用阳历，以黄帝纪元4609年11月13日作为中华民国元年元旦。改变使用阳历以后，由政府规定的以阳历进行计算的有着现代意义的新式节日与纪念日包括很多，比如，1月1日民国成立日，2月12日为北京宣布共和南北统一日，3月29日为先烈纪念日，4月5日为植树节，4月8日为国会开幕日，5月9日为国耻纪念日，7月3日为马厂首义再造共和日，9月28日为教师节，10月10日为国庆节，12月25日为云南起义纪念日等。

这些由官方确定下来的纪念日具有非常浓厚的政治色彩，因此，有一部分节日通常跟着政治环境的变化而发生相应的变化，举个例子来说，皖系被打败以后，官方将7月3日马厂首义再造共和纪念日取消了。然而，也有一部分纪念日，比如，10月10日国庆节等曾经得到了人民的广泛的认可与接受，使之逐渐地形成有着民俗活动内容的一种节令。就大部分的新式纪念日而言，主要还是由政府机关与学校等团体进行纪念，使用的方式包括高挂国旗；挂上灯笼，系上彩绸；举行庆祝会；放假进行休息；游览庭园；外出游行等。

1930年7月10日，《革命纪念日简明表》与《革命纪念日史略及宣传要点》在国民党中央执行委员会第100次常务会议上通过。根据阳历将革命纪念日分成了2种——"国定纪念日"与"本党纪念日"。其中，"国定纪念日"主要包括：1月1日民国成立纪念日、3月12日孙中山逝世纪念日、3月29日革命先烈纪念日、5月5日革命政府纪念日、5月9日国耻纪念日、7月9日国民革命军誓师纪念日、10月10日国庆纪念日以及11月12日孙中山诞辰纪念日等。

而"本党纪念日"则主要包括：3月18日北平民众革命纪念日、5月18

日陈英士殉国纪念日、6月16日孙中山广州蒙难纪念日、8月20日廖仲恺殉国纪念日、9月9日孙中山第一次起义纪念日、9月21日朱执信殉国纪念日、10月11日孙中山伦敦蒙难纪念日、12月5日肇和兵舰举义纪念日以及12月25日云南起义纪念日等。

国民党中央在对纪念日进行确定的同时，还专门针对各类纪念日的纪念形式作了非常详细的规定。在"国定纪念日"当中，1月1日民国成立纪念日与10月10日国庆纪念日，各自放一天的假，全国上下都悬挂旗帜，张灯结彩，进行庆祝，各个地方的党政军警各个机关各个团体以及各个学校都分别举行集会进行庆祝，并且由各个地区的高级党部召开各界的庆祝大会。

5月5日革命政府纪念日、7月9日国民革命军誓师纪念日以及11月12日孙中山诞辰纪念日，各自放一天假，全国上下都悬挂旗帜进行庆祝，各个地区的党政军警各个机关各个团体以及各个学校分别举行集会进行纪念，并且由各个地区高级党部召开各界纪念小会。

3月12日孙中山逝世纪念日，放一天假，全国上下举办追悼会进行纪念，将各种娱乐宴会暂时停止，各个地区的党政军警各个机关各个团体以及各个学校均分别举行集会进行纪念，并且由各个地方高级党部召开各界纪念大会。

3月29日革命先烈纪念日，放一天假，由各个高级党部将当地各个机关团体学校着急起来，分别祭奠每一个为了革命而死的革命烈士，并且举办纪念大会。

5月9日国耻纪念日，全国党政军警各个机关团体学校全部都分别举行集会进行纪念，将各种娱乐宴会暂时停止，并且由各个地区的高级党部召开民众大会，同时进行将不平等条约废除的运动，没有假期。而在"本党纪念日"之中，则是由各个地区高级党部将党员召集起来开会进行纪念，各个机关团体学校可以派遣代表前去参加，没有假期。

除了上文讲述的具有非常强的政治性的纪念日之外，随着时间的不断推移，又出现了不少民间倡议的纪念日以及职业性的纪念日。民间倡议的纪念日主要包括2月16日戏剧节、3月5日童军节、3月17日国医节、3月25日美术节、3月29日青年节、4月4日儿童节、4月5日音乐节、5月12日母亲节、6月3日禁烟节、8月8日父亲节、9月9日体育节以及11月1日商人节等。

而职业性纪念日则包括1月11日司法节、6月6日工程师节、7月9日陆军节、8月14日空军节、9月28日教师节、9月1日记者节以及11月2日医师节等。在这些纪念日当中，除了除陆军节与空军节以外，其他大部分纪念日由于未曾得到政府的认可与支持，因此也就没有发展成为一种惯例。

## 局势分析

新式纪念日都是由官方确定下来的，因此，其政治色彩十分浓厚，并且具有随着社会环境变化而变化的特点。在各种新式纪念日中，不管是"国定纪念日"也好，还是"本党纪念日"也罢，大部分都是国民政府为了对比较重大的政治事件进行纪念而制定的节日，通常都是由政府通令各个地区的党政机关严格遵行的，因此，各个地区的党政机关学校以及团体几乎都可以做到。

## 说点局外事

在民国时期，改历与改元是岁时节令风俗方面的主要变化。所谓"改历"，指的就是用阳历代替中国传统的旧历，也就是夏历，俗称为阴历。而所谓"改元"，指的就是用"中华民国"的年号纪元代替黄帝纪元法。

1912年1月，南京临时政府对外宣布全国上下改用阳历，但是，鉴于传统的旧历和农事耕作之间有着非常密切的关系等原因，南京临时政府又在新历与旧历的使用上做出了一定的变通，比如，规定：新历与旧历可以同时存在；新历下面附有星期，而旧历下面附有节气等。通常说来，将新历作为"官历"，将旧历视为"民历"。因此，在岁时节令当中，官方按照新历进行各种政治活动以及新式纪念日，而民间则根据旧历进行各种农事活动以及传统节日，可以这么说："新旧参用，官民各分"。这样一来，新历与旧历相互补充，在民众的日常生活与社会活动中起到各自应有的作用。这种新历与旧历同时使用的局面，不仅对世界的潮流相适应，而且还将中国的传统保存了下来，

充分地反映出了在民国时期新旧习俗之间的相互碰撞和融合。

在中国古代，人们始终用"天干"、"地支"配合帝王年号等方式进行纪元。到了清朝末年，资产阶级革命派又使用黄帝纪元法将清帝纪元法否定了。所谓"黄帝纪元法"，实际上使用的就是宋教仁的说法，也就是用黄帝即位元年癸亥进行纪年。中华民国建立以后，南京临时政府用国号进行纪元。国号纪元法的出现，标志着中国自古以来使用帝王作为转移的纪年方式结束了，充分地将民主共和的精神体现了出来。然而，它没有能够使用世界通用的公元进行纪年，也表现出了改革的不彻底性。

在改历、改元以后，不仅新式节日、纪念日陆陆续续地在人们的日常生活以及政治生活中出现，促使社会的风气为之改变，而且传统节日也在传承当中不断地进行革新。其中，一些带有浓重的迷信色彩等陋俗慢慢地被人们淡化或者革除了，整个社会到处都洋溢着一种新时代的气息。

# 赵树理不仅是农民更是作家

赵树理出生在山西地区的一个小农村中，可以算得上是一个地地道道的农民。他跟着家人一起种过地，也做过泥水匠，后来转行成为一名深受哦中国农民喜欢的小说家。正是由于早年的亲身经历，赵树理创作出了许许多多能够很好地反映农民生活、农村状貌的优秀小说，比如，我们都比较熟悉的《小二黑结婚》、《李有才板话》等。赵树理的小说都十分通俗，容易理解易懂，并且具有非常浓厚的乡土气息，不管是认识字的人，还是不认识字的人，都非常喜欢看，十分喜欢听。

赵树理是一个具有多种才艺的人。据说他非常擅长唱民歌，有的时候，他竟然可以一口气唱出好几种不一样的曲调，而且他还对变小魔术十分精通。在离开家门去求学以前，赵树理白天的时候与农民们一同下地劳动，晚上的时候偶尔会有集会，他很早就赶到了，然后与村民们一起聊聊天，给他们讲讲故事，经常将大家逗得大笑不止。后来他从家乡离开，到外面进行求学了。在求学的过程中，他慢慢地爱上了小说的创作。以往的小说都是给具有文化的人阅读的，而且其内容大部分都是关于才子佳人的。因此，赵树理就暗暗地下定决心，一定要创作出一些能够将农民生活反映出来，语言通俗，容易理解，让一般的老百姓都觉得十分亲切，并且喜欢去看、去听的小说。于是，只要有闲暇的时候，他就会跑到田地里帮助农民们进行干活，亲切地与农民们进行聊天，慢慢地搜集了很多具有较大价值的素材。赵树理在 20 多岁的时候第一次发表了能够将农民生活反映出来的短篇小说——《铁牛的复职》。尽管它带来的影响并不是很大，但是它却为赵树理之后的小说创作奠定了非常坚实的基础。

从普通的农民到舞文弄墨的作家，尽管在角色上有了非常大的转变，然而，赵树理始终保持着自己作为农民的本色——头上常常戴着一顶黑色的毡帽，身上穿着有不少补丁的旧夹袄，腰上挂着一个旱烟袋，与一般的农民没有丝毫的差别。因为赵树理常常到地里与农民一同干活，或者前往村民的家中与他们进行聊天，所以，老百姓对于赵树理不存在什么距离感，可以想说什么就说什么。就这样，赵树理对他们的生活进行观察，对他们的心理进行感受，搜集了一大堆十分真实并且非常宝贵的素材。

1943 年，赵树理发表了令他一举成名的作品，这部作品的名字叫作《小二黑结婚》。这篇非常有名的短篇小说是抗日战争时期解放区文学的典型作品。小说生动地描述了边区农村一个名字叫作小二黑的青年与一个名字叫作小芹的女子争取婚姻自主的爱情故事，以主人公在新政权的支持之下，从各种阻碍中突破出来，得到了幸福婚姻，从而充分地显示了民主政权所具有的巨大力量。

这部小说成功的地方不单单是由于其具有非常新颖的题材，而且更是由于赵树理与农民群众十分贴近的写作风格。他深深地明白，农民们都喜欢听故事，因此，小说用讲故事的形式进行展开，情节十分连贯，具有很强的戏剧性。而且，小说的语言十分口语化，有着相当浓重的相当淳朴的山西风味，非常幽默诙谐。因此，赵树理的小说就得到了广大百姓的认可与喜欢，才获得了巨大的成功。后来，赵树理的《小二黑结婚》曾经先后数次被拍成了电影、戏剧等，登上了荧幕，而且播出之后，都获得了非常好的效果。

同一年，赵树理又发表了名字叫作《李有才板话》的中篇小说。周扬对

赵树理的这部小说给予了非常高的评价，称其为"反映农村斗争的最为出色的作品，同时也是解放区文艺的代表作品"，这部小说为赵树理带来了相当高的荣誉。在此之后，他又相继发表了长篇小说《李家庄的变迁》，中篇小说《邪不压正》与短篇小说《福贵》、《地板》、《登记》以及《田寡妇看瓜》等具有较大影响的作品。在1954年后，赵树理还创作出了长篇小说《三里湾》和短篇小说《套不住的手》、《锻炼锻炼》以及《实干家潘永福》等作品。

赵树理在"文革"的过程中，于1970年9月23日由于受到迫害而去世了，那一年他才64岁。赵树理的一生对农村极为关注，心中时刻想着农民，在小说艺术的民族化、群众化方面做出了非常大的贡献。

## 局势分析

赵树理所创作出来的作品有着非常浓厚的乡土气息，他使用一种十分新鲜而且活泼、为老百姓喜欢听乐于见到的形式进行创作，很好地将20世纪30年代到60年代太行地区的农村生活反映了出来，为我们描绘出了一幅极其生动而秀美的农村风俗画。赵树理也开创了一个文学流派，俗称"山药蛋派"。这个"山药蛋派"因为其作品有着非常新鲜而且朴素的民族形式，十分生动而且活泼的群众语言，得到了广大读者的肯定与喜爱。"山药蛋派"的代表人物主要包括马烽、束为、西戎以及孙谦等人。在50年代后期，这些人结成了一个作家群体，创作了大量的杰出作品。

## 说点局外事

抗日战争爆发以后，中国陕甘宁边区以及各个抗日根据地相继组建了边区文协、鲁迅艺术学院等一大批抗日战争文艺团体，出版了大量宣称抗击日寇的刊物，比如，《大众文艺》、《谷雨》等。不少作家走到人民群众之中，比如，丁玲、周立波等成立了的西北战地服务团，吴伯箫与刘白羽等组织的抗日战争文艺工作队……他们一边热情地开展各类文艺活动，一边亲身体验敌后军民的日常生活，进行文学的创作。

1942年5月，在中国延安地区，中共中央宣传部召开了文艺座谈会。毛

鲁迅对于旧社会更加地痛恨。他曾经向一个办理《新青年》的朋友提出这样的问题："如果有一间铁屋子，绝对没有窗户，而且又相当难以破毁，里面有很大一部分人都睡得很熟，用不了多长时间就要被闷死了。但是，如果他们是从昏睡中死去的话，那么他们就不会感受到死亡所带来的悲哀。如今，你大声嚷嚷，将比较清醒的几个人惊起来，让这一小部分不幸的人来承受这不可挽救的临终的痛苦，你认为对得起他们吗？"那个人回答道："但是，那几个人既然已经起来了，你不能说绝对没有将这间铁屋毁坏的希望啊。"于是，鲁迅就开始从事编写小说的工作，盼望着自己的作品能够将"铁屋子"中的人叫醒，让国人得到救赎。

1918年5月，鲁迅以"鲁迅"作为笔名在一个名字叫作《新青年》杂志上第一次发表了第一篇白话小说——《狂人日记》。他透过"狂人"的嘴巴，对拥有几千年之久的中国封建专制的历史进行痛斥，并且将其称为"吃人"的历史，向贫穷落后的中国社会发出了相当严厉的批判。鲁迅在经历了长久的沉默和认真的思考以后，发出了第一次呐喊——《狂人日记》。后来，鲁迅又陆陆续续地发表了小说，比如，《孔乙己》、《阿Q正传》、《药》以及《祝福》等。

我们在谈鲁迅的白话小说的时候，就不得不说说他童年时期的乡村生活。鲁迅从小生活在绍兴农村，幼年时期的感受，故乡的所有一切，都非常深刻地烙在了鲁迅的心中。因此，在鲁迅的小说中包含了不少故乡农村的生活场景。

可是，虽然说艺术来源于生活，但是却又是高于生活的。鲁迅小说中农村并紧紧局限于绍兴这一个地方。认真地对鲁迅的小说进行品味，我们经常会不自觉地感受到在那个年代好像中国的每一个村落中都有类似于孔乙己、祥林嫂以及阿Q的人，好像也都有过类似于科举落榜与人血馒的事情。鲁迅本人也曾经说过，他小说中的那些人物几乎都是东拼西凑出来的。他所着眼的不单单是自己家乡的农民，而是中国农民共同拥有的性格与境遇。然而，他也不是将每一个农民都描写出来，而是通过典型代表进行描述。从孔乙己的故事中，我们可以清楚地看到科举背后的凄惨和无情；从祥林嫂的故事中，我们可以看到封建社会的黑暗和残忍；从阿Q的故事中，我们可以看到人们的自愚和悲哀……鲁迅的笔触十分犀利，经常一针见血；他对生活在社会底层的人民十分关注，书中的语言也总是情真意切。因此，鲁迅在中国现代文学史上的位置非常重要，属于一颗非常耀眼的巨星。

鲁迅因为肺结核病于 1936 年 10 月 19 日在中国上海地区病逝。上海 100 多万民众自发地为鲁迅进行送葬。在鲁迅的灵柩上面覆盖着一面写着"民族魂"3 个大字的旗帜，这 3 个字这是对鲁迅以笔代戈、战斗一生的最佳诠释。

## 局势分析

白话小说源自大唐王朝的一种文学形式。民间故事与所谓的"街谈巷议"就是中国白话小说的前身。在中国文学发展的过程中，白话小说经历了非常丰富的变化与拓展，到了宋朝时期基本成熟，到了明朝时期才真正地繁荣起来，成为了可以与抒情文学相媲美的一个大的文学体系。

鲁迅小说浓缩了他极其丰富的亲身经历与感悟，沉淀了鲁迅对于农村现实生活的体验与观察以及对于社会各个阶层人物性格的认识与分析。因此，他在描写生活在社会底层的劳动人民生活的时候，描写得相当细致入微，对于人物微妙的心理的刻画可以说是入木三分，并且非常辛辣洗脸地批判了封建旧社会。

## 说点局外事

茅盾，原本的名字叫作沈德鸿，是中国有名的作家、社会活动家以及翻译家。1913 年，茅盾考进了北京大学预科第一类。1921 年，茅盾和郑振铎、叶绍钧、王统照以及周作人等在北京地区发起了"文学研究会"，其宗旨就在于"研究介绍世界文学，整理中国旧文学，创造新文学"，并且主持编撰《小说月报》。1930 年，茅盾在中国上海地区参与了中国左翼作家联盟的组建工作，曾经担任过左联执行书记之职。1949 年，茅盾当选为全国文联副主席与中国作协主席。之后，茅盾又相继创作出了大量非常优秀的文学作品，比如，《子夜》、《蚀》、《春蚕》以及《林家铺子》等。

1933 年，茅盾的《子夜》第一次出版。这是一部十分出众的现实主义写

九一八事变爆发后，他接连编写和演绎了京剧《抗金兵》和《生死恨》，以此来表达中华民族誓死保卫祖国，顽强抵抗日本帝国主义的信心。卢沟桥事变爆发以后，他先后去香港和上海隐居，留着胡须来表达自己的志向，就是死也不会给日本人演出，成为京剧界抵抗侵略的模范。这件事情成为当时十分感人的佳话，在民间大为流传。当时丰子恺由于佩服梅兰芳的爱国主义情操和高尚人格，把梅兰芳蓄须明志的照片贴在墙上。

但是不演出就会切断经济来源，当时梅兰芳的日子处于困境之中。没有办法的情况下，梅兰芳以卖字画来保证日常的开销。有一次梅兰芳举办画展，日伪汉奸得到消息后，他们相互勾结，故意找事来捣乱。他们让一群便衣警察前去画室，在画上粘满纸条，上面写着"汪主席订购"、"周副主席订购"等，更有一些还写着"送东京展览"。梅兰芳看见纸条后，气愤到极点，他在很短的时间内把画作全部撕得粉碎。这件义愤填膺的撕毁画的举动，马上就传遍全国各地。宋庆龄、郭沫若、何香凝、欧阳予倩都进行了声援讲话，赞扬梅兰芳高尚的民族气节，被世人所尊敬。很多的群众也有书信寄来，都十分支持他的爱国行动。当梅兰芳知道了大家对他的支持，感动地和夫人说："我梅兰芳以后不再是孤单一个人了！"

新中国建立之后，梅兰芳前后担任中国戏曲研究院、中国戏曲学院以及中国京剧院的院长。他把青衣、花旦、刀马旦的各种表演特点融合在一起，创出了独一无二的表演方式与唱腔——梅派，先后有100多名学生拜他为师，为中国京剧的发展做出了不可磨灭的贡献。换句话说，梅兰芳是中国京剧表演艺术的一种象征，是文艺界的一个值得人每个人学习的榜样。

## 局势分析

众所周知，梅兰芳是一位的京剧大师，有着非常大的名气。对于梅兰芳在京剧舞台上上面的精彩表演，人们永远都不会忘记。不过，更令人们难忘的并不是梅兰芳的精彩表演，而是梅兰芳蓄须明志的故事，他坚决不给日本人唱戏所体现出来的铮铮铁骨和民族的气节。梅兰芳的这种强烈的爱国主义精神，值得我们每一个人去认真地学习与借鉴。

另外，梅兰芳不但为京剧事业在国内的发展做出了贡献，而且他还多次前往国外表演，把京剧带到国外，让京剧走向全世界。

### 说点局外事

"四大名旦"这个叫法是在 1921 年的天津《大风报》创刊号上由沙大风第一次提出的。梅兰芳、程砚秋、尚小云和荀慧生被称为京剧四大名旦。1927 年，北京《顺天时报》举办了中国第一届旦角名伶的评选，梅兰芳、程砚秋、尚小云、荀慧生在被选的名单之中。其中，影响最大的是梅兰芳。

# 孙中山的"国葬"

1929 年 6 月 1 日，南京国民政府专门为了孙中山先生而举办了一场国葬仪式，将孙中山先生的灵柩从北京的西山碧云寺移葬到了南京的紫金山，它也被人们称为"奉安大典"。你知道这到底是个怎样的情景吗？想要知道当时的具体情况，我们还是从孙中山的去世来说吧。

1924 年 10 月，冯玉祥在发起"北京政变"之后，通过电报向孙中山发出邀请，希望你能够北上一起商量国家大事。为了国家能够得到统一的大计，在夫人宋庆龄的陪同之下，孙中山先生冒着危险启程北上。而在孙中山先生北上的过程中，军阀段祺瑞、张作霖进驻北京地区，组建了以段祺瑞作为执政的"中华民国执政府"，将冯玉祥排挤到了张家口。12 月 4 日，孙中山抵达天津地区之后，会见了张作霖，并且与之进行了会谈。或许是因为旅程劳累，孙中山先生在当天晚上就忽然发起了高烧，与此同时，其肝脏也开始剧烈地疼痛，进入医院之后被医生确诊为肝癌，而且已经到了无力回天的地步。1925 年 3 月 12 日，孙中山先生，这个中华民国的创始人因为疾病死在了北京，其灵柩暂时停在北京西山碧云寺中。

按照孙中山先生的遗愿，北京政府颁发命令将他国葬于南京地区的紫金山南麓。其墓地的具体地址是宋庆龄进行实地勘察以后选定的，其建筑图案是由当时非常有名的建筑师吕彦直进行设计的。1926 年 3 月 12 日，中山陵奠

所谓"丧葬礼俗",就是丧葬礼仪制度和民间丧葬风俗,是人生礼仪当中的最后一个环节。在中国,在儒家"事死如生"、"慎终追远"等思想的影响之下,自古以来,各个民族与各个阶层就极其重视丧事,并且形成了一整套比较严密的礼仪制度。就传统的丧礼来说,它不仅封建等级性十分明显,而且还带着非常浓厚的迷信色彩,所以才使得厚葬久丧等陋俗泛滥起来。在中华民国成立以后,伴随着西方文明的陆续输入,传统丧礼之中的陋俗也慢慢地被革除了。

在民国时期,为了将传统丧礼当中的弊端革除,政府专门制定出了一些与国葬、公葬、公职人员新式葬礼以及民间通行丧礼有关的规定。其中,"国葬"指的就是用国家的名义举办的葬礼,比如,在孙中山先生的国葬典礼以前,在1917年的4月12日和15日,民国北京政府曾经使用国葬礼相继将护国功臣蔡锷以及开国元勋黄兴安葬在湖南长沙岳麓山。

所谓"公葬",指的就是对那些为国家建立了功勋但是还没有达到国葬条件的人所举办的一种丧仪,比如,有些国民党元老以及为了国家而牺牲的将领曾经享受过公葬的礼遇。在举行丧礼的过程中,开追悼会是最有意义的一种改革,南京国民政府将其叫作"公祭",其具体内容包括全体肃立、奏哀乐、三鞠躬、献花以及读祭文等。后来,庄重而简单容易施行的追悼会式的丧仪慢慢地在公职人员当中推广开来,从而引发了民间丧礼的改革,促使文明、简约的西式丧葬风俗慢慢地被人们接受,并且开始深入人心。

# 蒋介石和宋美龄的婚礼

提起宋氏三姐妹,很多人都忍不住会竖起大拇指,那可是20世纪中国最为耀眼的一对姐妹组合,对于当时的中国社会有着不可思议的影响力。作为"宋氏三姐妹"之一的宋美龄,嫁给了蒋介石。那么,这是一段怎样的爱情故事呢?

宋美龄于1899年出生在中国的上海地区。1910年,宋美龄前往美国去留学，1917 年毕业于威尔斯利学院，然后回到了中国。1922 年 12 月，在上海法租界莫里哀路的孙中山寓所中，蒋介石认识了宋美龄，然后就开始了苦苦地追求宋美龄，一直追了长达 5 年的时间。

宋美龄的家人均为基督教徒，而基督教提倡的是一夫一妻制。由此可以看出，当时以佛家作为自己的信奉，并且已经有家室妻妾的蒋介石并没有娶宋美龄的基础条件。可是，为了将宋美龄娶回家，蒋介石不仅答应了宋美龄的母亲尝试着去信仰基督教，努力对《圣经》进行研究，而且还在报纸上公开宣布自己与妻子毛福梅正式离婚、与侍妾姚冶诚以及陈洁如脱离关系。在将所有障碍都清除以后，1927 年 11 月，蒋介石在《申报》上刊登了结婚的启事。就这样，当时正处在政治权力巅峰的蒋介石终于和宋美龄走进了婚姻的殿堂。从此以后，宋美龄成了蒋介石非常得力的一个助手，同时也是中国的第一夫人。

1927 年 12 月 1 日，蒋介石和宋美龄在中国上海举办了一场令人瞩目的大型婚礼。婚礼包括 2 个步骤，首先是基督教式的婚礼，然后是中国传统式的婚礼。

当天下午 3 点，两个人在宋宅举行了基督教婚礼，会客厅就是礼堂，只有一小部分的亲朋好友参加了该婚礼。其中，中国基督教青年会全国协会总干事余日章为证婚人，谭延闿、王正廷、何香凝、李德全为介绍人，蒋锡侯夫妇与孔祥熙夫妇为主婚人。在刘纪文的陪同之下，蒋介石先到了礼堂，随后，宋美龄挎着宋子文的手臂也进入了礼堂。蒋介石先拿出一枚戒指为宋美龄戴上，并且非常深情地宣读了一生相守的结婚誓词。随后，宋美龄也拿着一枚戒指给蒋介石戴上，并且宣读了相守一生的结婚誓词。在完成了基督教的婚礼仪式以后，蒋介石和宋美龄两个人前往大华饭店举办中国传统式的婚礼。

中国传统式婚礼的举办地点设在大华饭店，礼堂设置在这家饭店的舞厅中，正中间悬挂着孙中山先生的遗像，两边分别是国旗与党旗，周围用美丽的鲜花进行装饰。12 月 1 日下午 4 点，蒋介石与宋美龄乘坐着漂亮的花车达到了饭店。他们休息了片刻之后，乐队奏响了门德尔松非常美妙动听的《结婚进行曲》，结婚典礼正式拉开了序幕。

# 第五章　思想

## 民主与独裁的论争

　　1933 年 12 月 10 日，曾经获得美国哥伦比亚大学博士学位，并且担任清华大学历史系主任之职的蒋廷黻在《独立评论》上面发表一篇名字叫作《革命与专制》的文章。在这篇文章中，他使用比较含蓄的语言对专制进行吹捧，从而激起了他的好朋友胡适非常激烈的反对与批评。于是，胡适随后也在《独立评论》上面发表了很多文章，比如，《建国与专制》与《再论建国与专制》等。就这样，一场论争从这里正式拉开了序幕。

　　在论战刚开始的时候，《独立评论》非常重要的撰稿人之一——丁文江并没有发表什么意见，到了 1934 年 5 月，他发表一篇名字叫作《我的信仰》的文章，其中心观点与蒋廷黻的十分接近。从此以后，基本上一切的自由派知识分子都参与了这场论战，而《独立评论》就是这场论战的主战场。除此以外，那个时候具有很大影响力的不少杂志也都陆陆续续地卷进了这场论战中，比如，《东方杂志》、《再生》以及《国闻周报》等。

　　人们将参加这场论战的双方分别叫作"独裁派"与"民主派"。其中，独裁派的人数并不太多，可是，它的主要将领在那个时候的知识界中有着相当高的名望，相当大的影响力，比如，蒋廷黻、丁文江以及钱端升等。而民主派的声势则更加强大一些，其代表人物主要包括胡适、张奚若、陶孟和以及胡道维等。除此之外，还有不少人也提出了各种各样的中间性观点，比较有名的包括张佛泉、陈之迈以及吴景超等。不过，从总体上来看，他们还是比较倾向于民主派的。这场论战一直激烈地进行着，大约持续了 1 年多的时间，之后才慢慢地平息下来。根据不完全统计表示，与这次论战有关系的文章有很多，大约 50 篇呢。

蒋廷黻、丁文江等独裁派认为，对于那个时候的中国来说，政治上一定要施行专制和集权，对英美民主政制进行反对。蒋廷黻就宣称："西洋的那些政治制度与政治思想，如果作为学术进行研究，那么是具有很大兴趣，并且非常有价值的，但是，倘若作为实际的政治主张，那么未免就显得太过无聊了"。所以，他们非常坚定地提倡独裁统治，在他们眼中，"独裁属于一种强有力的制度"。

曾经获得哈佛大学政治学博士学位的钱端升也觉得施行独裁政治，对内能够将各类职业、各阶级无谓的纷扰及自相抵制消除，对外则能够用全国的力量来对国际之间的经济斗争进行应对与处理。为此，他们甚至不惜对个人独裁表示认可与支持。独裁派也表示独裁并非最后的目的，而是唯一的一种过渡方法，"与其他任何一种方式相比，个人的专制更容易实现将中国统一的目标。"

对于蒋廷黻、丁文江等人的观念，以胡适、张奚若、陶孟等人作为代表的民主派纷纷撰写文章进行反驳，为民主政治进行辩护。他们主要是从以下 3 个方面对独裁派的观点进行了反驳：

第一，独裁的不必要性。对于蒋廷黻所写的那篇名字叫作《革命与专制》的文章，胡适通过写文章表示，建立国家固然需要将政权统一，可是将政权统一却不一定要依靠独裁制度。

第二，独裁的不可能性，胡适表示，民主政治属于一种常识的政治，而开明专制则是非常英杰的政治。尤其，英杰是极其难得的，而常识则相对比较容易通过训练而得。在我们这样一个极度缺乏人才的国家，最佳的政治训练就是一种能够慢慢地将政权推广的民主宪政。胡道维曾经分别在美国华盛顿大学与普林斯顿大学分别获得过政治教育学与政治历史学博士学位，他也对外宣称，在现在的中国，民治是可能达到的，而独裁却是不可能达到的。

第三，独裁不是历史发展的趋势。民主派表示，民主一直都是世界历史发展的一种趋势，而在西方民主国家中有了一部分社会主义的因素，比如，

分发达的经济，但是也已经陷入了混乱茅盾当中，等待着被救济；尽管东方文明存在着一定的陋弊，但是与西方相比，在精神文明上还是略胜一筹的。对此，他曾经说过这样一句话："吾国固有之文明，正是以救西洋文明之弊，济西洋文明之穷者。"他还高声地呼吁我们国家的文化结晶就是"名教纲常诸大端"，不可以丢弃。从他的这些观点之中，我们很容易看出，以杜亚泉作为代表的东方文化派守护传统、反对西学的程度，以至于觉得东方文化能够对西方进行救济。

正当《新青年》和《东方杂志》之间进行着非常激烈的论争的时候，章士钊出台了"新旧调和论"，促使这场论战再一次掀起了波澜。1919 年 9 月，章士钊在一次演讲的过程中提出，社会往往是在新旧杂糅之中进化的，没有旧，就绝对不会有新，不善于包容旧，就绝对不可能迎来新。他还用历史继承性作为论据，对任何一种新文化都是在旧的文化的基础上发展而来的进行了强调，新旧是不可能分割开的。这个观点的本身并不存在错误，看上去似乎更加成熟、更加理智，可是，问题就在于章士钊由此得到了一个不需要将"旧有者"破除的推理。在他眼中，社会的改造"俱不可不以旧有者为之基础"。所以，他非常坚决地对《新青年》一派的观点表示反对。

尽管章士钊的观点和杜亚泉的观点在表述上民存在着一定的不同之处，但是实质上均为东西文化调和论，很显然，他是对杜亚泉等人的观点进行了呼应。对此，《新青年》、《晨报》、《新潮》以及《觉悟》等刊物也都纷纷地发表文章，强烈地回击这种"新旧调和论"。那些文章坚定地保持新旧截然对立，水火不能相容的基本立场。陈独秀非常明确地对外宣称：东西文化的性质是完全不相同的，根本没有办法进行调和，对于新旧调和论进行了非常尖锐的批判。

这场东西方文化的论战，持续进行了 10 多年，先后参与这场论战的人达到了数百人，发表的相关文章有 1000 篇左右，专著也有好几十种。论战的重心主要集中在对东西方文化优劣进行比较的问题上，激烈地讨论了东西方文化到底可以不可调和等问题。20 世纪 20 年代初，梁启超出版的《欧游心影录》与梁漱溟出版的《东西文化及其哲学》，将这场论战引向了更深一层，直到 1927 年由于思想战线上面的争论重心转向了社会性质问题，东西方文化的论争才基本上告一段落。

## 局势分析

东西方文化的这场论争，实际上是站在文化的角度来对"救亡方案"进行探讨和拟制，解决了中国应当何去何从的问题。

从论争双方的观点来看，新文化运动的代表人物陈独秀等人通过比较中西文化来深刻地认识到各自的优劣与取舍问题是正确的，可是他们强调中西文化之间存在的差异完全属于时代的差异，中西文化之间存在的冲突完全属于新旧文化的冲突，从而得出了这二者之间根本就是对立的，完全没有办法进行折中或调和，很显然，这带有片面性的。

而东方文化派杜亚泉、梁启超、章士钊以及梁漱溟等人的主张观点有一定的道理，他们对全盘否定中国传统文化表示反对，对全盘学习西方表示不赞同，这是非常值得肯定的，同时也很好地表现了他们对于国家与民族命运的关心与爱护。不过，他们将西方文化的弊端过分地夸大了，以至于认为中国文化能够对西方文化进行救济，这很显然有点儿夸大其词，太过自信了。

## 说点局外事

清朝末年民初时期，一大批著名的学者以"研究国学，保存国粹"作为口号，一方面进行学术的研究，一方面从事政治和文化活动，并且在社会上获得了极其广泛的影响，人们将之叫作"国粹派"。国粹派出现的标志为1905年建立起来的国学保存会。国粹派的精神领袖为向来具有"章疯子"之称的知名学者以及社会活动家——章太炎，国粹派的代表人物主要包括邓实、黄节、刘师培、马叙伦、陆绍明、陈去病以及柳亚子等。国粹派的成员大部分都是有着传统学术根底的知识分子，他们利用发行《国粹学报》与《政艺通报》两种刊物的方法来对自己的观点与主张进行宣传。

国粹派的思想繁多而杂乱，品流不一，就它的主流来说，所谓"国粹"，也就是中国原本就有的文化精华，主要包括中国自从有文字记载的历史以来的语言文字、典章制度以及人物事迹等。国粹派的主张为：

## 局势分析

尽管参加这场论战的人数与派别非常多，但是主要在在完全对立的两方进行的，另一方是人生观派的张君劢、梁漱溟以及梁启超等人，而另外一方则是科学派的丁文江以及胡适等人。他们讨论的观点各不相同，涉及到了古今中外很多思想的流派，所涉及到的范围相当广泛，不过，其焦点仍然集中在科学和人生观之间存在何种关系的问题上。参加这场论战的双方你来我往，针锋现对，非常热烈。

人生观派使用对儒家道德思想进行捍卫的面目来反对社会达尔文主义与关于知识的实证主义理论，对于科学主义提出了非常严肃的批评。在他们看来，被科学支配的自然知识与人生观之间有着非常大的不同，人生观是主观的、直觉的、综合的以及意志自由的，对于个人而言是唯一的，所以，人生的问题不可以使用科学进行解决。这场论战持续 1 年多的时间，最终似乎以人生观派的失败而结束。

然而，从今天的角度来看，这场论战的胜负就没有以前那样分明了。原本，科学和人生观就各自具有属于自己的领地和职分，如果科学主义侵入本来由玄学进行管辖的"人生观"领域，给时代带来物质主义、实用主义以及怀疑主义的精神氛围，那么，人生观的问题就丧失了皈依，一个民族的精神生命也由此不可以安身立命了。

## 说点局外事

1931 年 8 月，王礼锡主持编纂的《读书杂志》开通了"中国社会史的论战"专栏，中国社会史论战从这里开始了。从 1931 年 8 月开始到 1933 年 4 月，《读书杂志》相继出版了《中国社会史的论战》四辑。与此同时，不少刊物也都纷纷地发表与之相关的文章，促使论战逐渐地达到了高潮。1933 年 10 月，《读书杂志》因为国民党的破坏而不得已停刊，但是，论战仍然在《中国经济》、《中山文化教育馆季刊》、《食货》孔乙己《中国农村》等刊物上陆陆续续地进行着，直到抗日战争爆发，因为社会的主要茅盾发生了转移，论战才逐渐地沉寂了下来，可是，讨论依旧没有终结。

　　有许多人参加了中国社会史论战，比如，马克思主义史学家郭沫若、翦伯赞以及吕振羽等；中国托派代表人物李季、王宜昌、陈邦国以及杜畏之等；由《新生命》杂志而形成的"新生命派"的梅思平与陶希圣等。这场论战主要是围绕亚细亚生产方式问题、中国有没有经历过奴隶制社会问题以及秦汉以后的中国社会性质问题进行的。这次论战是五四运动以来中国社会思想领域论战当中规模最大，持续时间最长，涉及到的问题最多，同时也是最为复杂的一次，在中国史学发展史上的地位是相当重要的。它使拥有悠久历史的中国史学上升到了一个新的高度，并且为以后马克思主义史学的进一步发展奠定了非常坚实的基础。

# 毛泽东的新民主主义革命思想

　　从 1935 年下半年起，中共中央与红军主力抵达陕北革命根据地以后，在相对安全稳定的环境里，以毛泽东作为代表的中国共产党人非常认真地对国内革命战争的经验教训进行了总结，十分深刻地对历史与现实问题进行把握，将在此以前陆陆续续提出的与新民主主义革命有关的理论进一步完善与系统化。从 1939 年 10 月到 1940 年 1 月，毛泽东相继撰写了很多重要的著作，比如，《＜共产党人＞发刊词》、《中国革命和中国共产党》以及《新民主主义论》等，相当全面而系统地阐述了中国新民主主义的革命思想，其主要内容包括以下几个方面：

　　第一，关于中国社会的性质

　　清晰地认识到中国社会的性质，是认识清楚中国的基本国情，认识清楚所有革命问题的基本依据，长时间以来，很多共产党人对于这个问题的认识含糊不清。为了将全党与全国人民的思想统一起来，为一系列作用、意义都比较大的理论与现实问题的解决提供非常可靠而科学的根据，毛泽东对于中国社会性质的问题进行了十分清晰的判断，也就是说中国属于一个半殖民地半封建的社会。而这种社会性质也决定了帝国主义与中华民族的矛盾、封建主义与人民大众的矛盾是中国近代社会的主要矛盾，而且各种矛盾中的最主

泽东的这篇演讲文章又在延安出版的《解放》第98、99期合刊登载，只不过当时将题目名声改成了《新民主主义论》。在文章当中，毛泽东对于新民主主义革命的政治、经济以及文化等问题分别进行了论述，其论述的重点集中在政治方面，主要对中国革命的性质、发展阶段、领导权、国体以及政体等问题进行了论述。

关于中国革命的性质问题，毛泽东表示，中国民主主义革命已经不再是旧式的民主主义革命了，而属于中国式的新民主主义革命。这种革命对于帝国主义进行了非常彻底的打击，所以帝国主义不能容忍其存在，但是，社会主义却能够容许其存在。与此同时，社会主义国家与国际无产阶级对这种革命进行援助，因此，它可以算得上是无产阶级世界革命很重要的组成部分。

关于中国革命的发展阶段问题，毛泽东认为，由于中国是半殖民地半封建社会，因此革命应该分为民主主义革命与社会主义革命两个阶段，并且这两个阶段的性质是不一样的。只有取得了民主革命阶段的胜利，才可以促使社会主义革命阶段的任务得以实现，不管是将后一阶段的任务放弃，还是将两个阶段的任务混淆，都是不正确的。

关于中国革命领导权的问题，毛泽东表示，中国资产阶级拥有革命性与妥协性的双重特征，中国近代历史显示，其他任何人或者阶级都不能充当新民主主义革命的领导者，新民主主义革命的领导者只可能是无产阶级及其先锋队，也就是中国共产党。

关于新民主主义革命阶段的国家组成与政权组织，只可能是在无产阶级领导之下的所有反对帝国主义反对封建主义的人们联合专政的民主共和国。决定国家命运的基本力量为无产阶级、农民、知识分子以及其他小资产阶级，其中领导力量为无产阶级。新民主主义的政权构成形式为民主集中制。各革命阶级联合专政的国体与民主集中制的政体组成了新民主主义的共和国。

《新民主主义论》是毛泽东对中国新民主主义革命理论与策略进行阐述的重要政治著作。它十分科学地对在半殖民地半封建的中国进行革命斗争的基本问题进行了论述，非常系统地提出了新民主主义革命理论，是中国共产党人使用马克思主义基本原理对中国革命的具体问题进行分析与解决的典范。

# 胡适提倡整理国故

在1919年后半年，闹得轰轰烈烈的新文化运动上升到了一个高潮。这个时候，作为新文化运动健将的胡适却忽然将旗号改变了，提出了一个"整理国故"的口号。胡适的这个论调一出，引起了非常大的争论：有的人对此表示赞同，觉得中国文化遗产的确十分凌乱，需要好好地整理一番。有的人对此表示反对，觉得这不但具有复古的倾向，会将新文化运动带向相反的方向，而且还暗藏着阴谋诡计，会引诱青年人钻到故纸堆当中去，对于现实的危机不管不顾。也有人对此默不作声，站在旁边进行观望。那么，为什么胡适要在这个时候提出"整理国故"？整理国故主要包括哪些内容呢？

胡适是安徽绩溪人，在早年的时候曾经在上海中国公学读书，1910年，前往美国去留学，可以算得上是喝了几年洋墨水的人。1917年，胡适回到中国，在北京大学任教。与此同时，他还投身于新文化运动之中。后来，胡适多次担任国民政府驻美大使以及北京大学校长等职务，是民国时期名气非常大的学者与社会活动家，在诸多领域，比如，教育、学术以及政治等，都有着相当大的影响力。

从1919年后半年起，胡适接连不断地发表了很多文章，比如，《古史辨》、《论国故学》与《新思潮的意义》等，大力地号召人们"整理国故"。他提出了将"研究问题"、"整理国故"、"输入学理"与"再造文明"当作是新思潮与新文化运动的基本纲领，在这个纲领之中，"整理国故"是将"再造文明"作为其主要目标的新文化运动的重要内容以及步骤。

胡适认为，中国过去所有的文化历史，均为我们的"国故"。对过去所有历史文化进行研究的学问，即为"国故学"，简称"国学"。在胡适看来，在对待中国旧有学术思想上，主要包括3种态度：第一，对盲从进行反对；第二，对调和进行反对；第三，倡导整理国故。

在这3种态度当中，只有"整理国故"是比较积极的。其中，整理的意思为：从杂乱无章中寻找出一个条理清晰的脉络来；从毫无头绪中寻找出一个因果关系来；从胡说八道中寻找出一个真正的哲理来；从迷信武断中寻找出一个真正的价值来。正是因为中国古代学术思想从来都是"乱七八点、十

少早期对新文化进行宣传的报刊转向了对马克思主义和俄国的十月革命进行介绍与宣传，对社会主义进行宣传的进步团体和刊物，就好像雨后春笋一样顺应时代的要求而诞生了，这些都代表着中国人民的一种新觉醒。

# 问题和主义的争论

随着新文化运动的不断发展，到了后期的时候，因为李大钊等人的不懈努力，马克思主义得到了非常广泛的传播，从根本上对中国进行改造的呼声一天天地高涨起来，这促使不少渐进改良主义者对此表示反对，而胡适就是其中的一个具有代表性的人物，双方进行非常激烈的论争。胡适与李大钊这两个人长时间在北京大学共事，又都是《新青年》编辑部的成员，是新文化运动战线上亲密的的战友，因为什么原因才发生了争论呢？争论之后，两个人之间的关系又变得怎么样呢？

1919 年 6 月，胡适在《每周评论》的第 31 期上发表了一个名字叫作《多研究些问题，少谈些"主义"》的文章。在这篇文章当中，胡适表示，作为一种"外来进口"的东西，马克思主义在对于中国问题的解决方面是"没有多大的作用的"。马克思主义并不是放到任何一个地方都正确的普遍真理，它仅仅在 19 世纪对于欧洲问题的解决方面是适合的，在 20 世纪中国所遇到的问题的解决方面是毫无用处的，所以，马克思主义不应当继续在中国进行传播。

在胡适的眼中，现在中国对马克主义进行研究的人变得越来越多，并不是因为他们对于马克思主义都十分尊崇，而是由于马克主义研究起来非常容易，而且也比较省事。胡适表示，只是高谈主义，不对问题进行研究的人，都是一些畏惧困难，寻求简单，非常懒惰的人。所以，他曾经这样说，空乏地谈论好听的主义，是一件非常容易的事情，即便是阿猫阿狗，也都能够做到的事情，是鹦鹉与留声器都能够做到的事情。

到这里，我们就很容易理解胡适的意思，他提倡"少谈些主义"，对于宣传马克思主义表示反对，否定马克思主义对于中国革命所产生的指导作用；他提倡"多对问题进行研究"，对根本将中国的社会问题解决表示反对，倡导慢慢地进行改良。

其实，对于胡适的这种论调，并不是李大钊最早提出来批评意见的，是隶属于研究系的蓝知非（蓝公武）首先提出来的，他表示胡适"有点儿因噎废食的问题"，因为"解决问题往往是不能离开主义的"。但是，对于胡适的观点进行全面反击的人，却是中国共产主义先驱——李大钊。

1919 年 8 月，李大钊在《每周评论》第 35 期上面发表了一篇名字叫作《再论问题与主义》的文章，在这篇文章当中，李大钊所阐述的观点与胡适的观点可以说是针锋相对的。李大钊表示，一个主义都具有两个方面，即理想和实用，比如，民主主义的理想，不管在哪一个国家，大体上都是相同的，但是将此理想适用到实际的政治上去，那就因时、因所以及因事的性质情景了，就会有点儿差别了，社会主义也是这样的。

李大钊认为，社会主义不能由于它不是在中国产生的，就丧失了其对于中国社会问题如何进行解决的指导意义。与之相反，在官僚肆意横行的中国，社会主义同样能够用来将这些不劳而获的官僚强盗驱除。李大钊并不觉得对"主义"进行研究，就会将"问题"忽略，他觉得，人们之所以会对"主义"进行研究，是因为要想将一个又一个具体问题解决掉，一定要将"主义"放在指导的位置上。这样一来，李大钊就将问题和主义是一种不能分割的关系点明了。为此，他曾经说过这样一句话："我们的社会运动，一方面固然要研究实际问题，一方面也要宣传理想的主义。这是交相为用的，这是并行不悖的。"如此一来，李大钊针对胡适对"根本解决"表示反对的观点，指出了"一定要有一个根本的解决，才会有解决一个个具体的问题的希望"。

在这场争论中，虽然李大钊与胡适你来我往，针锋相对，但是他们之间的友谊，并没有受到影响。1921 年前半年，李大钊与胡适之间还不断进行书信的往来，就怎样将《新青年》办好交换意见。在 1922 年，李大钊还从上海地区给胡适写信，将孙中山关于振兴中国的意见以及各个方面对于孙中山的态度等通告给了他，这些都非常充分地表明，李大钊与胡适这两个人尽管在政治上拥有着不同的意见，但是他们个人之间的友谊还是没有断裂的。